정석의 선택법

9단　工藤紀夫 지음
프로바둑연구회 편

太乙出版社

지은이의 말

전문 기사(棋士)가 흔히 '나는 정석(定石)을 몰라서……'라고 말하지만 그것은 거짓말이다. 이따금 정석의 형(型)이 빗나갈 때 그 이유를 물으면 대답할 내용이 복잡하여 귀찮으므로 이를 피하기 위해 상투적으로 쓰는 말에 불과하다.

아마추어에게는 흔히 자칭 정석의 형태가 있어서 '정석에 대해서는 대체로 알고 있다'고 큰소리 치지만 이것도 거짓말이다.

정석이라고 하는 것은 순서만을 알고 있어도 안되며 정석의 정신을 습득하고 있지 않으면, 알고 있는 것이 되지 않는다. 정석의 정신을 진실로 자기의 것으로 하고 있다면 정석을 암기하고 있지 않아도 자신의 힘만큼은 만들어 낼 수가 있다. 만들어 내고 보니 그것이 책에 나와 있던 정석과 같았다고 한다면 '알고 있다'는 것이 되지만, 그런 아마추어를 나는 보지 못했다.

나는 아마추어 사람들에게 자주 말하지만 많은 정석을 배우는 것보다 적은 정석이라도 그 정석을 요리할 수 있도록 하는 쪽이 영리하다고 생각한다.

제일 적절한 상황에서 그 정석의 특징을 100% 발휘할 수 있도록 이용할 수 있게 된다면 정석의 종류를 무작정 배우는 것보다 훨씬 서반(序盤)에 강해진다고 보증한다.

제 1 장(章)은 이 책의 범례 같은 것으로서 정석에는 여러 가지 얼굴이 있는 것을 나타내었다.

제 2 장은 읽는 것만으로는 안되며, 생각하는 것을 독자 여러분에게 요구하고 있다. 당신의 생각과 이 책이 제시한 해답이 어느 정도 일치하는가 공부해 주기 바란다.

제 3 장은 나의 실전(實戰)에서의 정석의 선택 기준을 제시
했다. 조금 어려운 것인지도 모른다.

제 4 장은 아마추어의 바둑 순서이다. 참고가 될 것이다.

이 책을 읽는 방법의 하나로서 제 2 장, 제 4 장, 제 3 장, 제
1 장의 순서로 읽어보는 것도 흥미가 있을 것이다. 그리고 최
종적으로 제 1 장의 각 절에 당신이 알고 있는 정석을 추가하
면 당신은 이책에서 배울 수 있는 최선의 것을 배운 것이 될
것이며, 그렇게 된다면 저자로서도 최대의 영광으로 생각한
다.

저 자.

차   례 *

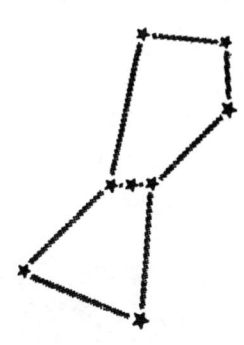

제1장

정석(定石)의 특징

납득할 수 없는 정석 (定石)

정석(定石) 가운데서 좋아하지 않는 것은 누구에게나 있을 것으로 생각된다. 단순한 케이스로 말한다면 아무래도 깨달을 수가 없다든가, 상대의 땅이 당치도 않게 크게 보인다든가, 그 정석을 사용하면 꼭 진다고 하는 말을 늘어놓는다.

프로에도 그러한 것이 있다. 예를 들면 하나의 정석형(定石型)이 어떤 기사(棋士)에 있어서는 흑(黑)이 좋게 보이고 어떤 기사에 있어서는 백(白)이 좋게 보인다.

이것은 즉 기풍(棋風)에 의해서 정석형의 특징을 능률적으로 잘 사용할 수 있었는가 어떤가에 기인된 것으로 생각한다. 기사(棋士) 측에서는 정석의 분파(分派)에 납득하지 못하고 있으나, 정석 측에서 본다면 사용한 측에 대해서 납득하지 못하고 있는 것이 아닌가 한다.

빙산(氷山)의 일각(一角)

이 장(章)에서는 적은 수의 정석을, 특히 정석 선택이라고 하는 견지에서 몇 가지로 분류해 보았다. 극단적인 예를 들었기 때문에 사용 방법에 따라서 좋게도 되고 나쁘게도 되는 이유를 잘 알게 될 것이다. 그러나 경계선에 있는 것같은 정석형이 현실에는 훨씬 많아서 여기에 나타내고 있는 것은 빙산의 일각이라고 미리 알아주기를 바란다. 그런 것이 후속의 장에서 전국적인 의미를 가지고 어떻게 등장해 오는가 기대해 보기 바란다.

1. 벌리기의 정석(定石)

변(辺)에서의 벌리기로 완결하는 정석은 적지 않다. 그렇게 말하기 보다. 변(辺)에 중요한 벌림이 있는 정석이 대부분이라고 해도 좋을 것이다. 정석이라고 하는 것은 귀에서 시작하여 변(辺)으로 이동해 가기 때문에 당연하다고 할 수 있다.

물론 여기서 모든 정석에 대해서 검토하는 것은 불가능하며 독자도 기대하고 있지 않다고 생각한다. 실제의 응용은 뒤의 각 장(章)으로 미루고 여기서는 아주 기본적인 정석의 몇 가지를 들어 상식적인 변(辺)의 가치의 크고 작음과 떨어져 있는 거리 등에 대해서 확인해 놓도록 한다.

제 1 형(型) 세 칸(三間) 벌림

최근에 그다지 활용 되는 것을 볼 수가 없으나 훌륭한 기본 정석이다.

백 2 는 그다지 왼쪽에 강력한 흑의 세력이 없는 한 이 자리가 된다.

계속하여 흑㉮, 백㉯를 예상하고 백 2 의 위치가 바른 것이 된다.

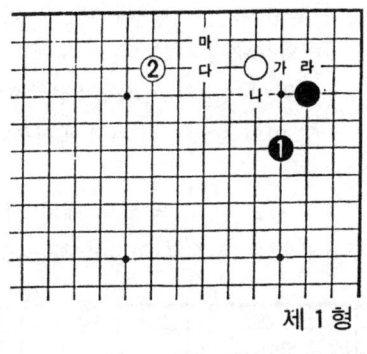

제 1 형

흑㉰의 공격에는 백㉱의 3 · 3 붙이기가 있고 백㉲의 건너 뛰기도 있으니 걱정할 이유는 없다.

백 2 가 왼쪽에 영향을 미치게 하는가 어떤가에 포인트가 있다.

제 2 형 「협공」로부터 가지고 간다.

단순히(혹 1 과 협공하지 않고) 혹 3과 벌려 두는 정석도 있다.

그 비교는 ① 혹이 왼편에 대해서 얼마나 도움이 되고 있는가?

② 백과 말하자면 자리가 없는 수를 치게 한 것이 득이 되는가이다.

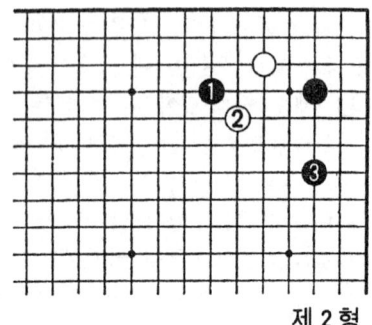

제 2 형

1 도 이것은 오래된 정석이지만 그 생명은 쇠퇴하지 않고 있다. 혹 1의 협공은 혹 3의 벌림을 치기 위한 시작이 된다. 백 2와 일단 자군(自軍)에 여유를 가지게 하고 후에 ㉮ 방면으로부터의 공격을 겨눈다.

혹 3과 백 ㉮의 어느쪽이 전국적(全局的)으로 좋은 점인가?

2 도 앞의 그림처럼 혹 1 에서부터 가지고 가서 혹 5 까지 전개한다.

귀의 실리(實利)는 백의 것이 되지만 혹 5가 오른쪽 밑의 구석에 주는 힘으로 치려고 하는 것이다.

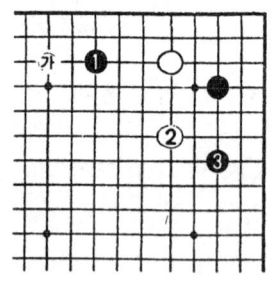

1 도

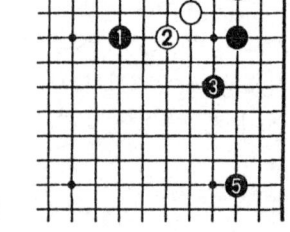

2 도

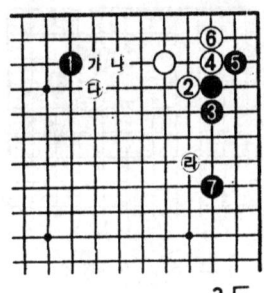

3 도

3 도 일견 간단한 이 정석에 함유되어 있는 의미는 복잡하다. 혹 1 이 ㉮, ㉯, ㉰일 때 같은 백의 형태를 기대할 수 있는가, 어떤가 하는 것이 제 1 점. 백 2, 4 의 순서가 역으로도 성립되는가, 어떤가가 제 2 점. 혹 7 이 ㉱냐 하는 점이 제 3 점.

각각의 의문에 대해서는 전국적인 관점에서 판단할 수밖에 없다. 그렇게 말하면 약간 비겁한 구실이 될른지 모르지만 여기서는 정석 그 자체를 해설하는 지면이 없으므로 다른 책에서 연구해 주기 바란다.

다만 혹 7 보다 혹 2 쪽이 귀의 백에 대해서 공격적인 태도로 있으나 혹 7 쪽이 자군(自軍)이 안정되어 있다고 말 해 둔다.

제 3 형 변(辺)에 강한 높이기

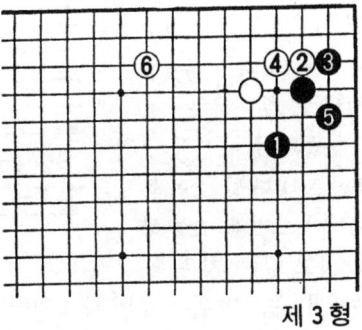

제 3 형

높이기는 변에 강하다. 소목(小目)이 귀에 강한 것과 대조적이다.

그 변에 대한 강세를 없애려면 높이 걸린 백을 협공할 수밖에 없다.

그러나 받고 있어서 나쁠 것도 없으므로 혹 1 의 바둑알 받기는 자주 애용되고 있다.

혹 5 까지의 견실한 대비와 백 6 의 태연한 벌림을 비교할것.

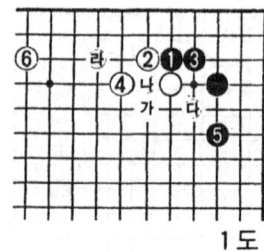

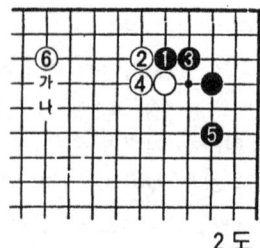

1 도   2 도

1 도 이것은 프로, 아마를 불문하고 가장 많이 사용하는 정석의 하나일 것이다.

흑 5 로 ㉮, 백㉯,흑㉵의 형도 있다. 흑㉮,백㉯의 교환에 ㉰의 약점을 해소시킬 수가 있으나 그 대신 우변(右辺)에 발언권을 증대시킨다.

2 도 백 6 의 위치가 한 길 높은 ㉮인 경우에 모양을 없애기 위한 흑㉯의 쐬움을 예방하고 있다고 생각해도 좋다.

제 4 형 최대의 벌림

여기에서는 흑 1 의 세칸 벌림을 나타내었으나 경우에 따라서는 흑㉮의 다섯칸 벌림도 가능하다.

단독의 돌에서의 벌림으로서 다섯 칸이 최대이며 그것을 가능하게 하고 있는 것은 흑

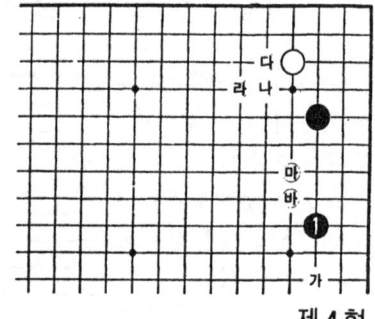

제 4 형

에서의 ㉯, 백㉰, 흑㉵의 효력이다.

따라서 백 ㉯에 치면 흑은 ㉺를 지키지 않으면 안되고 백㉵라면 흑㉻를 지키게 된다.

제 5 형   세력 관계

일립이칸(1立2析), 이
립3칸(2立3析)…… 원
칙으로 말하면 백 **4** 까지
의 3립부터는 백 ㉮의
4칸이 되고 싶다.

백 ㉮라면 흑㉯가 절
호의 점이 되고 계속하여
흑㉰의 공격이 백의 위
험이 된다.

제 5 형

흑㉯가 오른편 변(辺)에서의 세력 관계에 큰 역할을 다하
게 될 것으로 보임으로 백은 **6** 으로 조심하게 되는 것이다.

제 6 형   귀와 우변(辺)의 관계

화점정석(定石)중의 기
본형이다. 이 형(型)에서
주의해야 할 것은 백 **4** 의
벌림이 두 칸이며, 세 칸
이 아니라는 것이다.

백 **4** 로 ㉮의 3칸 벌림
으로서는 곧 흑㉯로 공격
당하여 백 **2**, 흑 **3** 의 교환

제 6 형

이 나빠진다.

또 하나 흑 **1** 의 높이 받는 것으로부터 흑은 백 **4** 의 뒤에 곧
㉯에 벌리는 데까지 정석으로 해도 좋을 정도로, 우변(右辺)
화점 밑(星下)은 흑 백 쌍방에 있어서 크다.

14

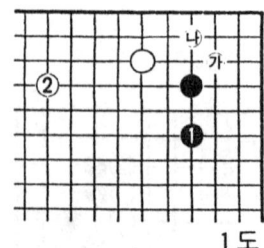 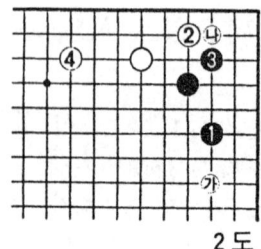

1 도　　　　　　　　　　2 도

1 도 백 2 의 정석형은 앞의 그림보다 한길 거리를 둔 것에 의미가 있는 것이 아니며 백⑦의 3·3 공격을 남기고 있는 것이 중요하다. 따라서 흑으로서도 ⓝ의 구석을 확보하는 것이 가장 큰 일로 남아 있다.

2 도 이 정석은 6 형의 그것과는 달라 이것만으로 확고하게 완결되어 있다.

그러나 우변(右邊)에도 치는 곳이 없는 것이 아니며 백⑦에 흑ⓝ가 필요하다. 백은 ⑦를 선수로 칠 수 있으나 흑ⓝ도 큰 실질(實質)로 상변(上邊)의 세개를 공격할 수 있다.

제 7 형　3·3과 거리

3·3 정석은 그 종류가 적다. 대별하여 두 가지 밖에 없다고 해도 과언은 아니다. 그 하나, 변(邊)에 벌려 두는 정석이다.

흑의 응수는 이 그림, 흑 2 외에 ⑦, ⓝ, ⓒ가 있으나 당연 그 하나 하나에 의

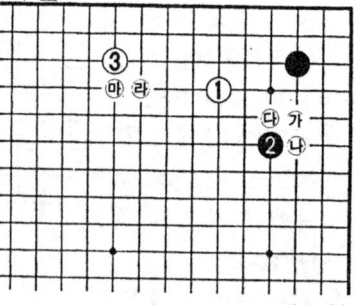

제 7 형

도를 가지고 있다. 백 3 도 왼쪽에 ⓡ, ⓜ의 선택이 있다.

2. 방향을 선택하는 정석 (定石)

방향의 선택이 가장 단적(端的)으로 나타나는 것은 화점과 3·3의 정석에 있어서다. 우선 화점의 시작이 방향을 결정한다. 귀에 관하여 대칭형(對稱形)이 아닌 소목(小目), 높이기, 눈피하기에는 생각할 수 없는 일이다.

다음은 화점에 대한 3·3공격, 3·3에 대한 어깨 모양에 따라 방향의 선택이 필요하게 된다. 이에 대해서는 이 책의 뒷장(後章)에서 설명하도록 한다. 원칙은 그다지 어렵지 않아 (그대신 잘못하는 율이 많은 것이 이상하다) 간단하게 설명한다.

제 1 형   사태와 외전환 (外転換)

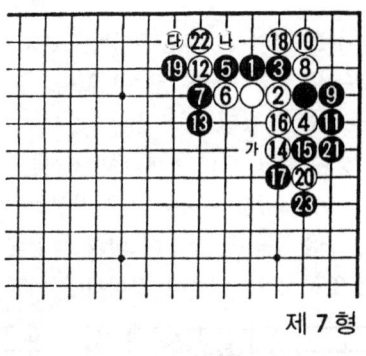

제 7 형

이른바 사태(涌汰)와 외전환형이다. 이 형이 이 그림에 정착하기까지에는 많은 기사(棋士)의 다년간에 걸친 피와 땀의 역사이지만 그 경과에 대해서는 여기에서 길게 말하지 않겠다.

다만, 최종의 흑 23에 대해서 설명하지 않으면, 왜 여기에 이 정석이 등장하게 되었는지 알 수 없을 것이다.

흑23에서 ㉮, 백⑭의 다음에 흑23이라고 하는 것이 본형의 정착하는 직전의 형 흑㉮를 효력이 있도록 하지 않는데 이점은 흑은 사변(辺)을 중요시 할 때 흑㉯를 선택할 수도 있는 데에 있다.

제2형 정석으로 없어지는 정석

수는 많으나 좀처럼 잘
되지 않는 정석형이다. 초
보자는 이 정석으로부터
배우는 방법은 많다.

정석이라고는 하지만 흑
돌이 미리 ㉮나 ㉯가 되
면 그것은 정석이라고는
말할 수 없다. 그렇지 않
으면 흑21의 뒤 백㉮

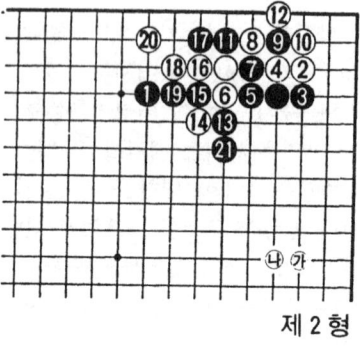

제2형

이다. 그렇게 공격을 당하면 백이 얻은 실리와 필적되는 것을
흑은 전혀 얻고 있지 않다.

1도 앞의 그림의 흑 ㉮가 존재하고 있지 않을 때는 이 그
림의 흑3을 누를 수밖에 없다. 중복을 피하기 위하여 더 하
나 예를 들겠다.

2도 흑1에서 7까지의 정석은 흑돌이 ㉮ 또는 ㉯에 이미
존재하고 있을 경우에만 성립한다. 없을 경우는 흑3으로 4
에 누를 수밖에 없으며 앞의 그림에 비교하여 흑의 형이 굳어
져 있는 것이 마음에 걸리지만 어떻게 할 수가 없다.

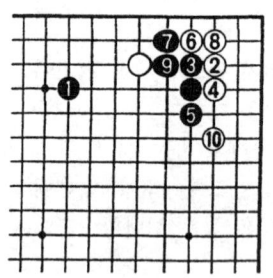

1도

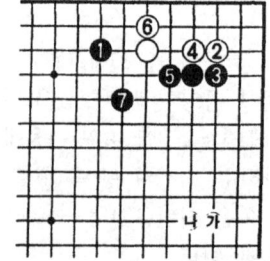

2도

제 3 형 끝이 비어 있는 방향에 주의

화점의 흑에 단독 3·3
넣기의 정석. 백이 3 · 3
으로 들어갔다고 하는 것
은 우변(右辺) 상변(上辺)
모두 흑석이 있고 화점
의 돌에 말이 걸려 있어
서는 공격 대상이 되어 괴
롭기 때문이다.

제 3 형

따라서 흑은 우변·상변
의 어느 쪽인가를 유리한 모양으로 만들 수 있다. 어느 한쪽
이며 양쪽은 아니다. 그것은 일견하여 명확하게 한쪽이 끝이
비어 있기 때문이다.

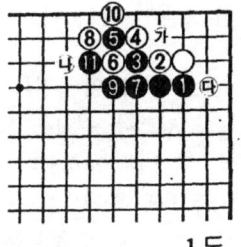

1 도

1 도 어차피 한쪽 끝이 비어 있게
된다면 그 반대쪽을 더욱 유효하게
굳힐 수 있는 방법이 없는가 하고 생
각해 낸 것이 이 그림의 형이다. 백
10으로 11의 다음은 흑㉮의 자르는
수가 오기 때문에 백10의 빼기는 당
연. 흑 11의 맞춤에 보통은 백 5 와
다음, 흑의 뻗음이 된다.

뒤에 구석의 백의 생사에 관해서 흑㉯의 내림이 효력을 나타
내는 가능성이 높기 때문에 우변(右辺)의 흑 모양은 한 마디
로 스케일이 크다. 되풀이하여 말하자면 이 형도 우변에 흑돌
이 먼저 가 있는 것이 필수 조건이다.

앞의 그림보다 이 그림쪽이 우변의 모양에는 뛰어나 있는데
왜 앞의 그림이 보통 정석인가 하는 당연한 의문에 대해서는
이 장(章) 끝부분의 제 8 형을 참조하기 바란다.

제 4 형 기어가는 원칙

3·3이 귀에 관하여
대칭(對稱)한   위치라면
어깨 끝도 귀에 관하여 대
칭한 위치에 있다. 따라서
방향을 결정하는   권리는
먼저 3·3에 걸쳤던 흑에
있는 것은 당연하다.

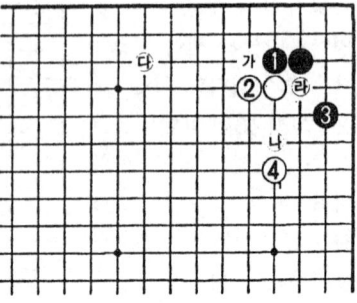

제 4 형

3·3축의 원칙은 두 개
있다. ①미끄러져 들어가
는 방법과 반대쪽으로 기어 가는 방법. ②백이 누르려고 하는
생각과 반대쪽으로 기어 가는 방법.

②에 대해서 말하면 백 4 로 ㉮, 흑㉯, 백㉰가 틈이 없으
며 흑은 1이 아니고 ㉣쪽으로 기어 가라는 것이다.

1 도 백 2 와 뛰는 변화의 정석
형도 있으나 원칙은 앞의 그림과 같
다. 흑 1과 연결했다고 하는   것은,
①우변에 흑이 머리를 내밀고 싶으
나, ②백㉮의 누르는 것이 그다지
중요하지 않은 경우이다. 만일 ①에
도 ②에도 맞지 않는다고 한다면 흑
1쪽이 틀린 것이 된다.

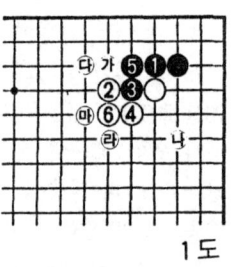

1 도

이러할 때는 흑 1이 바른 방향이었다고 가정한다.   백 6 의
뒤 흑은 ㉯에 뛰는 것이 당연하다. 백 6 까지의 형태에 대해
서 말하면, 흑은 ㉯나 ㉰에 되도록 되어 있으나 앞의 원칙으
로 보아 흑이 ㉰에 뛰어도 좋다고 하는 케이스는 절대로 없
다. 백 6 으로 ㉣라면 흑㉱, 백 6, 거기서 역시 흑 ㉯가 된다.

3. 축의 정석

'축을 알지 못하면 바둑을 두지말라' 는 이상한 격언(格言)
이 있다. 별로 규정에 위반되는 것이 아니기 때문에 축을 잘
못해서 졌어도 괜찮다고 생각하는 것인데, 요는 축처럼 간단
한 수법 정도는 알고 있어야 한다는 의미일 것이다.

그런데 축이라는 것은 어려운 것이다. 하나에는 특히 정석
의 경우, 여기에서 몇 수 혹은 수십 수 뒤에 꼭 생기게 되는
축의 코오스를 읽고 있지 않으면 안된다는 것. 둘에는 가령
현재는 축 관계가 유리하다고 해도 적에게 적절한, 혹은 통렬
한 축을 당해서는 안된다는 것. 겨우 축 정도는, 하고 해이되
기 쉽기 때문이다.

제 1 형 반(半) 붕괴의 케이스

작은 붕괴형은 축 관계
를 모르고는 둘 수 없는
정석의 대표적인 것이다.
아무리 아름답게 갈라져
있는 정석으로 특히 흑11
에 맞대어 백12와 싸우기
시작하여서 몇 수는 필연
또 필연, 바둑이라는 게임
의 우수성을 입증하는 것
처럼 진행한다.

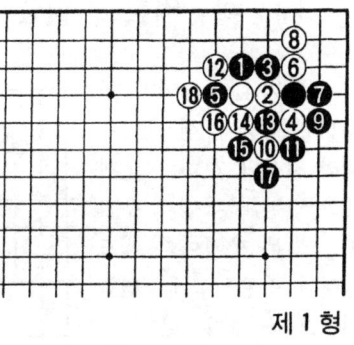

제 1 형

예를 들면 오청원 같은 천재는 백18을 생략하여 달리 돌아
서 칠 수 있다고 주장한 모양인데 보통 사람에게는 백18까지
는 외길 뿐이다. 그런데 축 관계라는 것은———.

1 도 정석의 백
10에서 백 1 로 뻗
으면 어떻게 되느
냐 하는 것이다. 흑
은 2 로 기어가는
한 수.

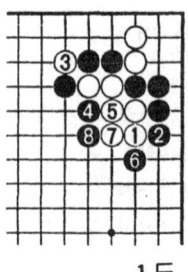 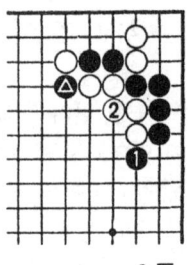

백은 형태에 관계
없이 3 으로 끊는다.

1 도   2 도

거기서 흑 4 에서 8 까지의 축이 성립되지 않으면 흑은 엉망
이 된다. 정석을 벗어나 백 1 로 뻗었다고 하는 것은 이 이상,
백은 좋다고 하는 것이기 때문에, 즉, 흑의 붕괴라고 생각 해
도 된다.

2 도 타협책으로서 흑 1 로 뛰면 백 2 로 우형(愚形)에 이
어지고 흑으로서는 수습책이 없어진다. ● 의 한 점이 소용없
게 되어 반 붕괴된 모습이라고 판단해도 된다.

제 2 형 변화의 필요 조건

소목(小目) 높이기, 한
칸(間) 협공에 생기는 변
화의 정석이 있다.   언제
나 당연한 것처럼 두고
있는 기본 정석이라 해도
상대가 귀찮스럽게 변화
시키고 올 때가 있다.

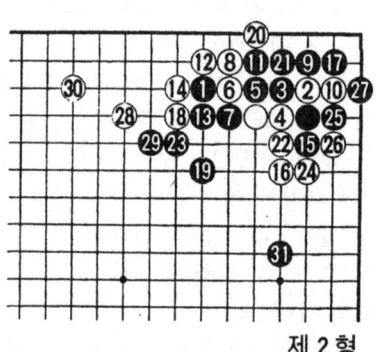

제 2 형

그것을 하나하나 배우게
된다면, 정석이라고 하는
것은 초 보자들이 흔히
한탄하고있는 것처럼 정말 귀찮스러운 것이 된다.

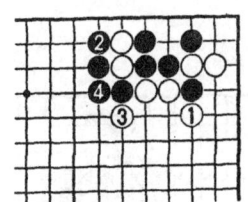

1
도

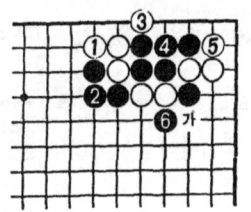

2
도

1도 앞의 그림으로 이 그림 백1의 포용이라면 기본정석. 백은 흑2, 4로 되는 상변(上辺)의 세력이 마음에 들지 않았던 모양이다. 제2형 백12로 변화하여 대형 정석이 되었다. 백30 흑31 부근은 이미 정형(定型)의 구역을 빠져나가게 되어 싸움의 분야로 돌입한다.

2도 도중을 그림으로 만들면 백1이하 5에 흑6의 축이 성립되면 큰 일이다.

제3형 교묘한 수 빼기

흑의 소목(小目)에 작은 말이 걸리고 흑 1칸 협공에 교묘하게 손을 빼는 정석.

백8까지 이어지고 보면 백의 바닥은 크고 ㉮에 끊어 나갈 수 있는 매력이 있어 인기가 있는 정석형의 하나이다.

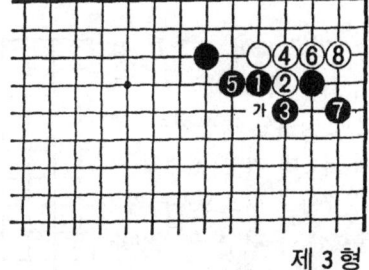

제3형

1도 그러나 흑1에서 3일 때 백4와 안을 축이 성립 요건이 된다.

1
도

__ 22

제4형 축의 단수

백6이라고 하면 외길.백 10으로 축이라면 그 코스는 별도로 그림을 만들 필요가 없다.

바둑을 두는 동안에 흑11이 귀찮스러운 수가 되며 흑 ㉮로 단수하면 좋아서 백 12로 빠져나가 축의 단수도 안되어 백 ㉯ 의 튀는 것을 막으며 슬그머니 축 단수를 겨누고 있는 것이다.

따라서 백12의 빼기도 필연이다.

제4형

제5형 또한수걸침

이것도 또한 유명한 정석이다. 흑9의 축1 포옹이 성립할 경우에만 두게 되는데 가령 현재의 축이 좋아도 백으로부터의 통렬한 축 단수가 있을 때는 잘 되지 않는다.

또 현재는 통렬한 축 단수가 없다고 해도 하여간

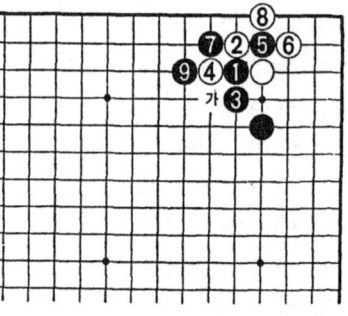

제5형

그러한 조건이 이루어지기 때문에 흑의 입장으로 서는 될 수 있는대로 빠른 기회에 ㉮로 한 수를 걸치지 않으면 안된다.

4. 싸움이 넓어지는 정석

모양이 크다고 해서 풀기 어려운 것은 아니다. 반대로 수는 적으나 다루기 어려운 정석도 있다.

그러나 대체로 말하면 큰 정석일 수록 위험스러운 일이 많고 그 가운데서는 어디까지가 정석이고, 어디까지가 중반(中盤)의 싸움인가 얼른 알아보기 어려운 것도 있다. 싸움이 되면 당연한 일이지만 원군이 있다. 주변의 정세가 큰 영향을 주게 된다.

특히 중앙으로 향하여 눈이 없는 돌 끼리 혼동되어가는 형으로서는 그 방향에 있는 돌의 위치에 따라서 잘 조심 하지 않으면 거기서 바둑은 끝나게 된다.

제 1 형 좌상(左上)의 배경에 의한다.

한 칸 높은 협공은 검탄(劍呑)과 같은 모습. 주 위에 단명하게 갈라지는 정석이 많으나 본형은 그 가운데서 격전에 옮겨질 가능성이 높은 정석이라고 말할 수 있다.

도중 백12로 ㉮, 흑㉯, 백㉰라고하는 혼동수를

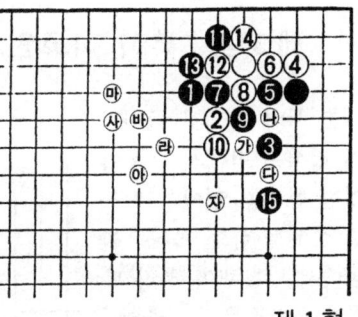

제 1 형

사용할 수단도 있으나 여기서는 생략한다.

문제는 흑15의 뒤에 있다. 보통은 백㉣, 흑㉤로 되지만 좌상(左上)에 강한 배경이 있으면 백㉱, 흑㉲, 백㉳, 흑㉴, 백㉵하고 숨도 쉴 사이없이 중앙전으로 가지고 가게될른지도 모른다. 우열은 그 뒤의 싸움 여하에 따른다.

24

제 2 형 후퇴 작전

백10에 이어서 흑㉮ 백
㉯가 되면 싸움이라고
할 정도는 되지 않는다. 백
㉯로 감싸게 되면 상변
(上邊)의 백의 모습이 좋
아졌다고 흑이 느끼게 되
는 데부터 싸움이 시작된
다.

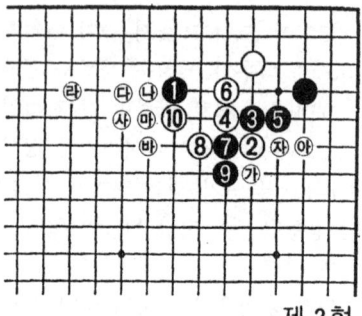

제 2형

흑㉰로 움직이기 시작하면 백은 ㉰ 방향에서 공격하게 될
것이며, 흑㉰가 아니고 ㉱하고 뛰어서 백㉲, 흑㉳로 옮겨
지는 싸움도 있다. 백으로서는 ㉴가 방법이 되며 흑㉵를 유
인하여 백㉮와 2의 갈림을 빠져나가게 한다.

제 3 형 흑이 피고인가

눈 사태 안에서 돌아가
기 정석은 귀에서 흑이
일단 실리를 얻어 백은
그 손해를 바깥 쪽의 싸
움에서 만회해야 하기 때
문에 필연적으로 싸움이
시작된다.

그림은 대충의 경과를
나타낸 것으로 ·백26으로
㉮쪽이 적절한 경우도 있

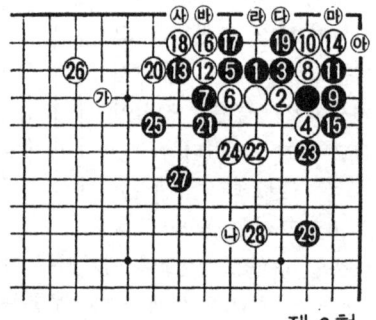

제 3형

을 것이고, 백28로서는 ㉯와의 선택이 어렵 다.

제 4 형 흑이 복명(伏冥)

앞의 그림과 이 그림은
모두 대형 정석의 진원지
(震源地)이다. 여기서는
기본적인 형을 제시하는
것으로 그치겠다.

흑17로서는 ㉮도 있으
나 그런 것보다 중요한 것
은 백18이 나가는 길에 어
떤 것이 기다리고 있는가
하는 것이 문제가 된다.

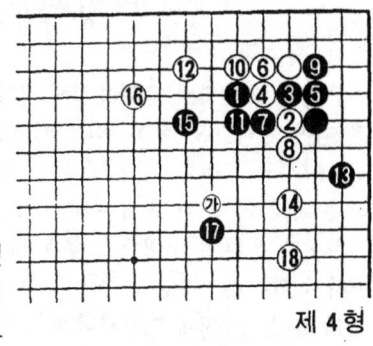

제 4 형

제 5 형 무서운 수단

백 2에 붙여서 흑 3의
이른 바 튀는 것을 나타
낸 정석이다. 백은 ㉮로
효과를 낼 수도 있고 흑
21의 앞에 흑 ㉮, ㉯를
바꾸는 예도 많다.

윗쪽은 백㉰가 옛 모양
으로, 그 경우에는 흑이
축의 성립을 노리고 있다.
새로운 형은 백㉱이다.

제 5 형

문제는 백 2 이하의 우변(右邊)의
일단의 운명에 있다.

우변(右邊)의 흑의 배석(配石) 여하에 따라 흑17로 ㉮로
습격당하는 무서운 수단이 있다는 것은 다음에 다시 설명하
겠다.

5. 상대의 속셈을 예견하는 정석(定石)

좀처럼 자신에게 조건이 좋은 정석은 없다. 그래서 정석으로 되어 있다고도 할 수 있으나, 그런 것을 어떻게 연구하여 조금이라도 유리한 서반(序盤)을 만들 수 없는가 하고 추구하는 데에 이 책의 존재 이유가 있는 것이다.

반대로 본다면 상대가 그렇게 해 주기를 바라는 정석은 선택하지 않는다. 혹은 도중에서 그 코오스를 바꾸어야 할 필요도 있다. 상대에 있어서의 최선은 자신에게 있어서의 최악이 되기 때문이다.

다행히도(혹은 불행하게도) 정석이라는 것은 제한된 것이 아니며, 같은 출발점을 가지면서 마치 다른 결승점에 도달해도 되는 것으로 되어 있다. 어렵게 말하면 선택지(選択枝)가 많은 것이다.

제1형 우변(右辺)에의 유용(流用)

일견, 출발이 둔한 듯한 모습이지만 무척 탄력성이 풍부한 모양이 되어 내용이 확실한 것도 있는 모양이다.

백 1의 공격을 예방하여 우변(右辺) ㉮에의 전망을 쉽게 하여 상변(上辺)은 ㉯의 경곡을 보고 백의

제1형

발전을 제한하고 백 ㉯ 3·3공격에 대한 반발력을 가지고 있다.

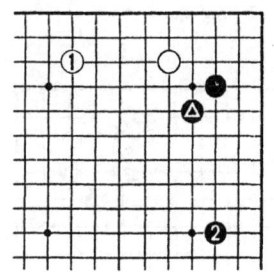
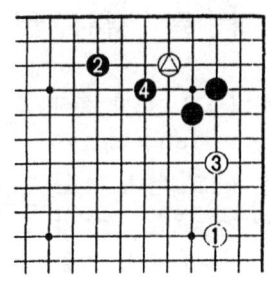

1도 백 1이 자연스러운 수라고 할 수 있다. 흑 2도 좋은 벌림이다. 그러나 이 흑 2가 백에 있어서 마음에 들지 않을 경우가 많은 것이 틀림 없다. 원래 흑은 2로 벌려두고 싶기 때문에 ⬤을 대각선으로 놓는다.

2도 백 1이 흑의 의심을 벗어났다. 흑 2에도 움직일 수 없고, 백 3으로 벌려 두어 흑이 두고 싶은 우변(右辺)을 점거한 것이 된다.

제 2 형 이루어지지 않은 백의 야망

백 4에 흑 6으로 뛰는 것이 옛부터 애용되어 온 정석형이다. 계속해서 백 ㉮를 끊어 흑은 ㉯로 상변(上辺)으로 건너간다. 대체로 말해서 백은 우변(右辺)에 세력을 구축하고 흑은 귀에서 실리를 얻는다.

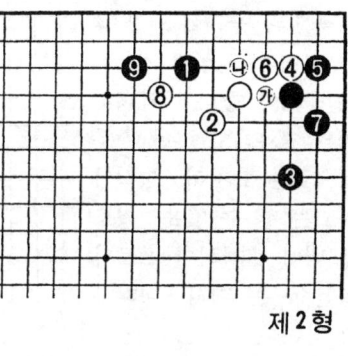

제 2형

정석임으로 호각(互角)이다. 그러나 때로는 백의 주문을 빗나가게 하고 싶은 국세(局勢)도 있을 것이다.

흑 5의 튐으로부터 백의 우변에의 야망은 결실되지 않는다.

제 3 형 저위(低位)를 믿어도

높이기에서 바깥 쪽에
붙이는 정석이다. 백 4 로
보통은 ㉮로 뛴다. 4든
6 이든 어느쪽을 끊어야
한다. 이것은 끊은 쪽을
잡는다는 것이다.

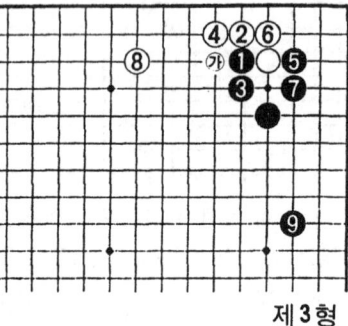

제 3 형

이러한 경우 어느쪽을
끊으려고 하고 있는지 알
수가 없다. 구석의 실리
를 바라고 있는 것인지 바깥 쪽이 절호(絕好)인지 …

그러나 백 8 까지로 저위(低位)를 믿는다고 해도, 귀 실리로
바깥 쪽의 것도 흑에게 주지 않았다는 것에 만족하고 있다.

제 4 형 부분적 불리 이상의 가치

흑 1 의 공격에 백 2 ,4
로 상변의 2 선에 기어붙
는 수법이 있다. 백 14까
지의 결과라고 하면 부분
적으로는 도저히 정석이
라고는 할 수 없을 정도
로 백이 불리하며 프로의
실전에서는 거의 나타나
지 않는다.

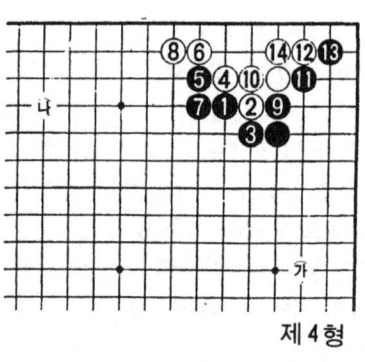

제 4 형

그것이 세상의 정석 책에 당당히 등장하고 있는 이유는 무
엇인가, 그것은 ① 흑 ㉮의 벌림의 가치가 적고 ② ㉯ 방면
에 흑의 모양이 형성될 듯할 때 이 형이 가치를 발휘하게 된다.

제 5 형 수빼기로 이면을 예상한다

혹 1 이라고 하는 강렬
한 수단으로 수를 뺄 수
있다는 것을 배우지 않으
면 좀처럼 알아낼 수가
없다.

혹 3 으로 공격해 오면
백 4 로 빠져 나가는 것이
교묘하며, 백 8 까지 깨끗
이 활로에 이어진다.

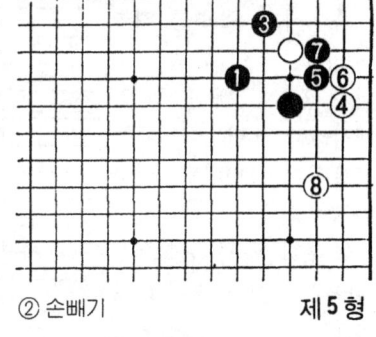

② 손빼기   제 5 형

수빼기는 상대의 이면을 예측하는데 흔히 사용되는 수법이
다.

제 6 형 어슬렁 어슬렁 정석

2 선은 꼭 지는 선으로
알려지고 있다. 그 2 선에
두 개나 돌이 나와 있는
것은 한심하다. 혹 1 의
하나를 떠올리게 했다고
강변(强弁)해도 혹의 입
장으로서는 혹 1 로 백 6
을 때려부순 만족이 크다.

그런데도 불구하고 이   제 6 형

형이 정석으로서의 가치를 가지는 것은 16 페이지 상단의 정석
을 염두에 두었기 때문이다.

우변(右辺) 일대가 혹의 대세력으로 변하게 될 경우, 혹에
한해서 바둑이 호조되기를 겨눈 어슬렁어슬렁 정석이다.

제 7 형   도중에서 협공한다

흑 1 하고 우변을 겨누어 두고, 백이 2 로 빠져나가 흑 4 에 백 ㉮ 로 전개하려고 하면 이번에는 흑 3 하고, 상변에도 뻗혔다.

그 후에 흑 ㉯ 가 효력을 나타내는 것도 매력이 있다.

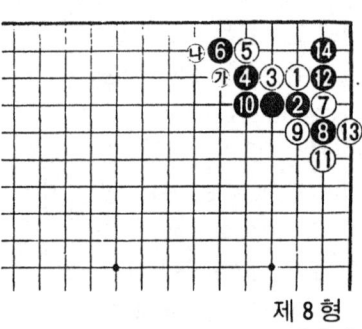

제 7 형

다만 백 8 에서 9 로 2 단 뛰기가 있어 흑 ㉯, 백 8, 흑 ㉳ 일 때의 축 단수가 문제. 그렇다고 해서 흑 ㉳ 에서 ㉱ 의 신장 (神長)도 기능을 발휘할 수 없고…

제 8 형   모양화(模樣化)를 방해

이 형은 17페이지 그림 1 의 정석형에 대한 저항 수단으로서 존재한다. 흑은 '상변(上辺) 같은 것은 어떻게 되어도 좋다' 하고 우변에 큰 모양을 만들고 싶다는 생각으로 4 ,6 의 2 단 뛰기를 나타내었다.

제 8 형

백이 ㉮, 흑10, 백 ㉯ 하면 흑의 생각대로 된다.   거기서 백 7 의 튀는 것이 순서. 흑 8 에 백 9 로 끊고 선명한 모습으로 바꾸게 된다. 구석의 흑 자리는 크지만 백은 우변의 흑의 큰 모양화를 방해한 것에 만족하게 된다.

제 2 장

정석 선택의 기본

최악의 선택

이 장(章)에서는 가까운 귀(隣隅)와의 관계 또 전국적인(全局的)인 형세를 알기 쉽도록 예를 들어 우상귀(右上隅)에서의 흑(黑)의 착점(着点)을 묻는다. 실전(實戰)에서는 좀처럼 이렇게 알기 쉬운 장면은 거의 생기지 않고 있지만, 그래도 이 장을 읽은 독자는 엄청난 실수를 하게 되는 일이 없어질 것이다.

정석의 종류는 많으므로 적어도 최악의 선택은 피해 주기를 바란다. 그래서 원칙으로서 각 형의 시작에 최악의 선택의 예를 들었다. '이렇게 지독한 선택을 하는가'하고 웃는 사람은 그다지 많지 않으리라고 생각된다.

생각해 보고

강제로 할 수는 없으므로 읽기 전에 당신이라면 어떻게 두고 싶은가, 몇 분 동안이라도 좋으니 생각해 주기 바란다. 그리고 그 때 생각난 정석형이 최선의 선택이 아니었더라면 그것이 최선이 아닌 이유를 생각해 주기 바란다. 생각되는 듯한 정석의 예의 거의 모두를 열거한 것 같은데 그것이 없더라도 거기에 가까운 형의 정석을 발견하여 그것다운 이유를 생각해 내어야한다.

제 1 형 우하(右下)의 두께에 조심

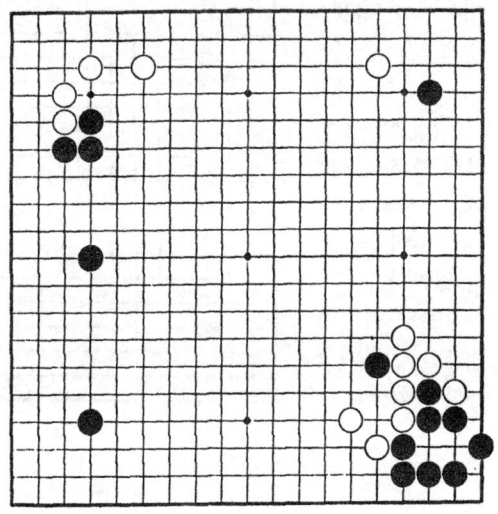

1도 좌상(左
上)·우하(右下)
모두 백이 강하
다. 흑 1 의 작은
귀이지만 백 2 로
채워 온다면 상
변(上辺) 지역에
마음이 끌리게
된다. 흑 5 로 후
수(後手)를 두
는 동안에 백 6
으로 다음의 큰
마당에 돌아가게
되면 실패한다.

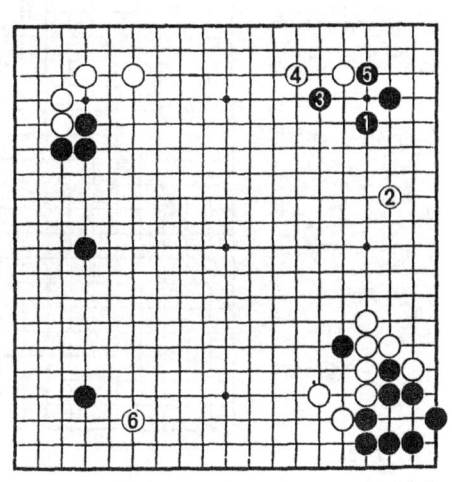

1 도

2도 흑1하고
엄하게 끼고⚫를
쫓으면서 우변에
진출하려고 하는
그 착상은 좋았
으나 흑3에 백
4로 강하게 저
항을 받아 잘 되
지 않는다.

상변에 싸워도
충분한 성과를
올릴 수가 없다.

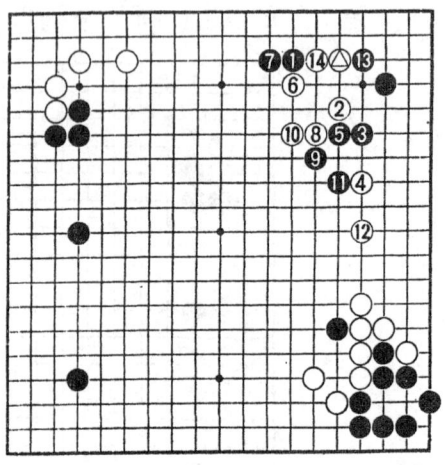

2도

3도 흑1은
무리한 협공이지
만, 그래도 백은
2,4하고 '난전
을 보시오'하고
공격해 올 것이
다. 그대로 점잖
게 받고 있으면
6,8,10으로 백
의 절호형이 되
어 1,3,5의
흑은 마음에도
없는 수를 두게
된다.

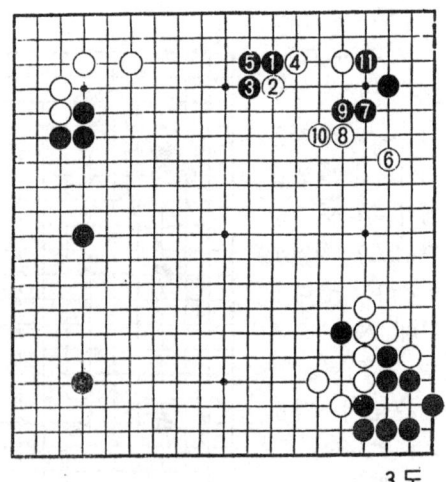

3도

4도 백에 있어서는 얼마든지 상황을 좋게 할 수가 있다. 흑1의 협공에 백2, 4로 단순히 우변을 대비하고 있어도 좋다. 귀의 백의 하나는 아직도 살아 있는 것을 알 수가 있다.

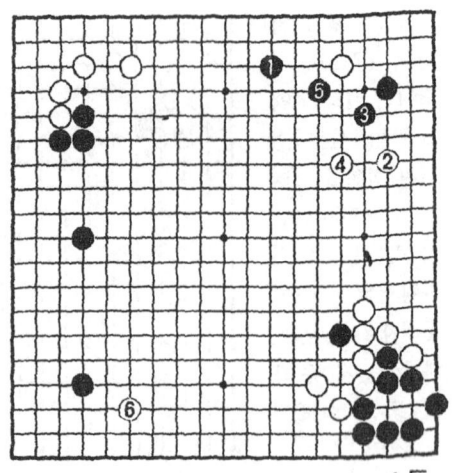

4 도

5도 2칸 높은 협공은 정말 적극적인 사고방식이다. 백2라면 흑3으로 우변에 밟아 들어간다. 흑1의 한 점으로 숨어들자는 것이다. 그것은 그것으로 이유가 있으나 실은 그렇게 되지 않는 위험이 있다.

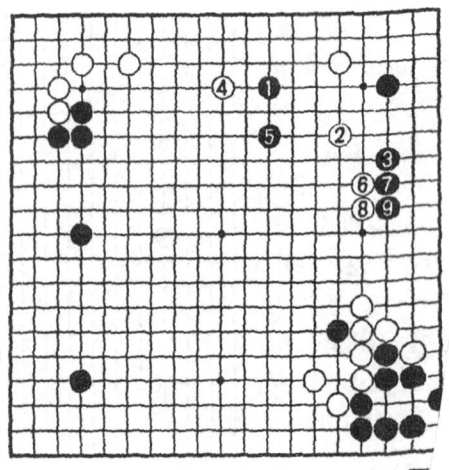

5 도

6도 백2의 변형(変形)의 판단이 유력하다.백6 부근에서는 정석의 범위를 넘은 난투이지만 이 변(辺)에서 싸워서는 백이 불리해지지 않는다. 어쨌든 우하(右下)의 외세가 대단하다.

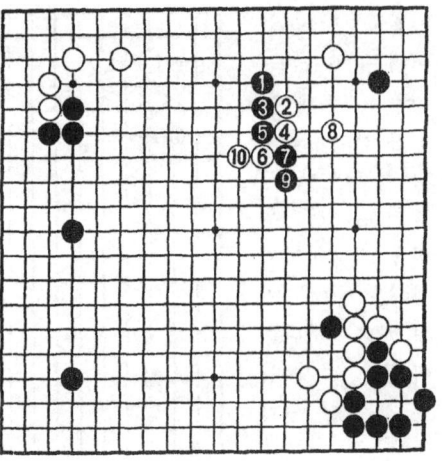

6 도

7도 백2의 판단으로 흑3에 붙이게 되면 기다리고 있었다는 듯이 예의 정석으로 후퇴할 것이다. 백22까지 변화시킬 수가 없어 외세가 점점 도움이 되는 것을 알게 된다.

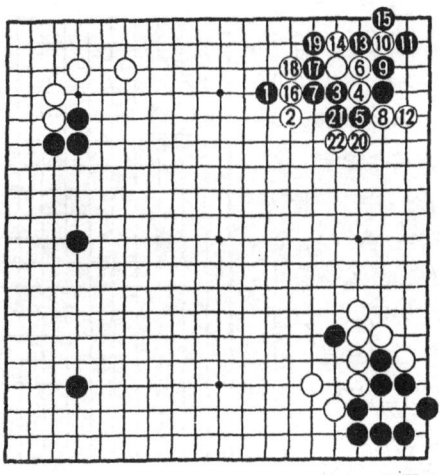

7 도

8도 결국은
점잖게 흑1의
2칸 거리가 되
고 만다. 어느 정
도 백도 2에서
마무리해 온다면
흑1의 방향이
우하(右下)의 모
양을 삭감해 가
는데 만족하고
흑9로 대비하여
도 된다.

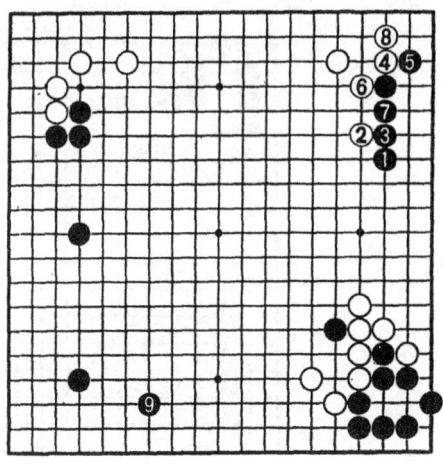

8 도

9도 첨가해보
고 싶은 것이지
만 만일 좌상(右
上)의 백이 △
의 대각선이라면
흑1의 3칸 협
공이 적당할른지
모른다. 흑1은
공세를 위한 협
공이라기보다 상
변(上辺)의 모양
화를 방해하는
갈라지는 감각을
준다.

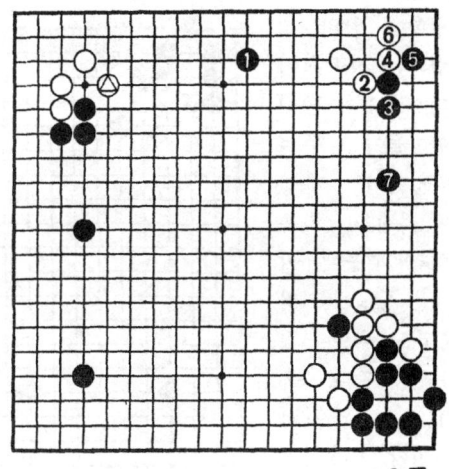

9 도

38

제 2 형 이런 타법(打法)은 무위

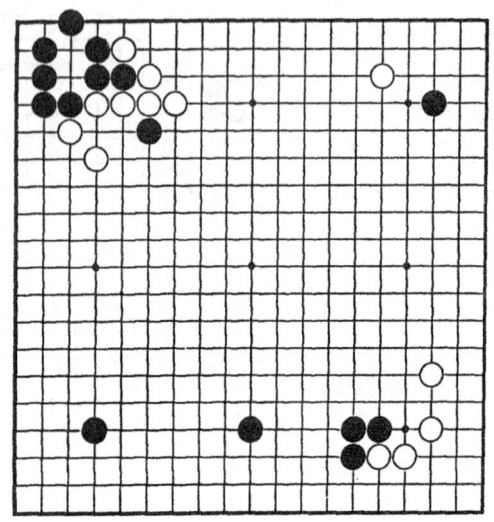

1도 삭감의
방향이 앞의 그
림과는 정반대이
다. 흑1은 흔히
아마들이 두는
타법이다. 자신
이 자신을 괴롭
히기 때문에 이
것은 동성애 취
미라고 해도 될
른지 모른다. 흑
1, 5 는 엎치락
뒤치락 하다가
죽고 말것이다.

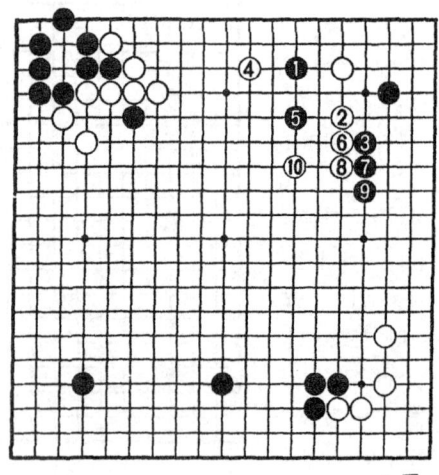

1도

2 도 먼 거리
의 협공이라고
할 수 있다. 백
2, 4로 괴롭다.
가령 빼앗기지
않아도, 빼앗기는
쪽이 나을 정도
로 고통을 당하
게 될 것이며, 혹
3의 발전성을
기대하여도 ⊖
이 밑의 쪽을 기
다리고 있는 한
무리라고 보아야
한다.

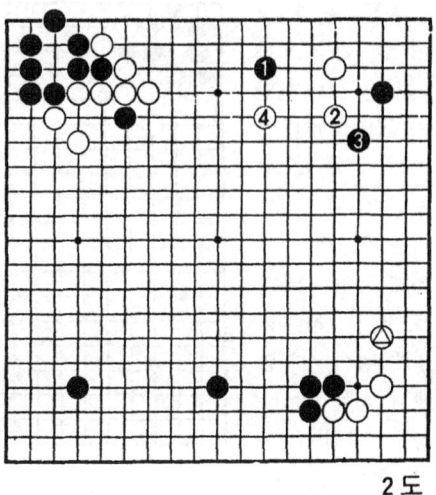

2 도

3 도 혹 1로
무엇보다 야무지
게 대비하고 백
2에 수를 빼어
좌하(左下)로 돌
려고 하는 수법.
아뭏든 백 4가
크고 혹 5가 말
하자면 무위가
되는 자리쪽으로
향하고 있는 것
이 마음에 걸린
다.

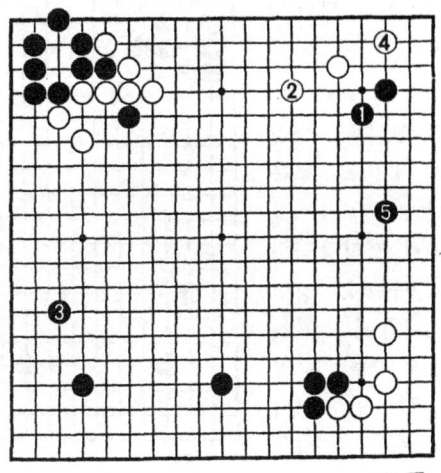

3 도

4도 백 2, 4
의 뻗음은 자포자
기처럼 보이지만
이 국면(局面)에
서는 최선으로
보인다. 혹 1 로
다른 쪽으로 향
하게 되면 의외
로 백이 곤란을
받게 된다. 백 2
에서 4 는 보통
착상이지만 다음
에 상변(上辺)에
는 빈틈없는 방
어법이 없다. 너
무 넓기 때문이
다.

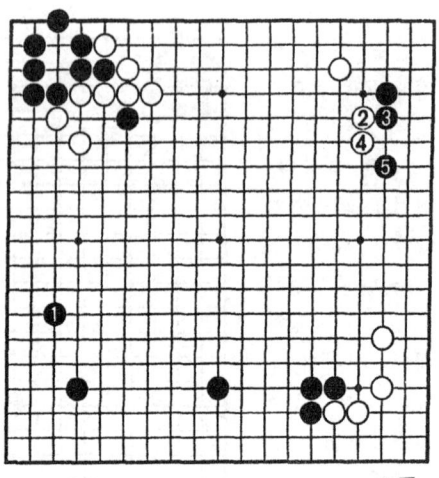

4 도

5도 백은 2
로 엄하게 협공
해 올지도 모른
다. 그렇다면 그
렇게 정정당당하
게 싸운다. 상변
(上辺)에 백 자
리를 만들 방침
으로 가면 그다
지 두려운 싸움
은 아니다.

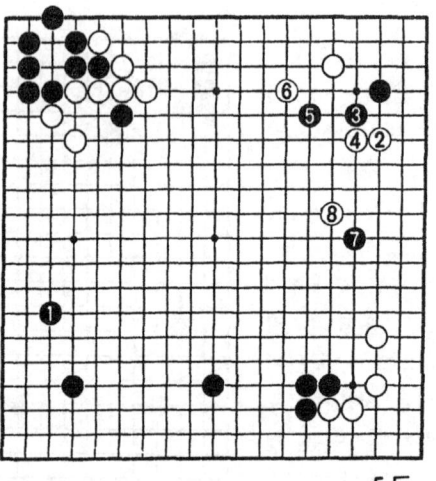

5 도

제 3 형 강한 싸움

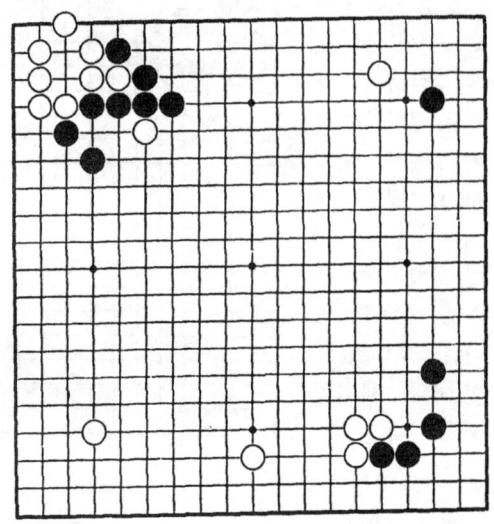

1도 앞의 그
림의 잠재방법으
로 우상(右上) 귀
에 수를 빼보자.
좌상(左上)의 흑
1, 3, 5 는 우상
(右上)을 제외하
고는 큰 자리다.
그러나 백 6 의
걸침에서 상형
(常形)이 만들어
지면 ▲ 의 낮음
에 서로 갈려, 흑
의 최악 그림이다.

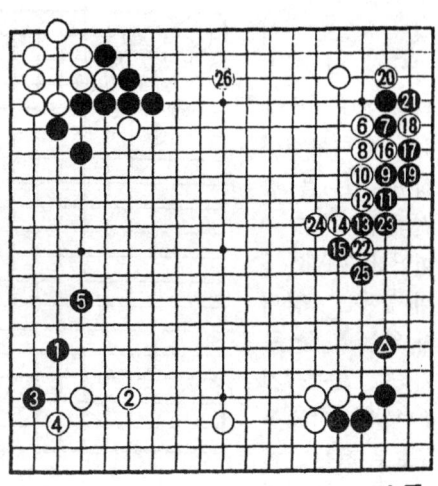

1도

2 도 흑 1 의 대각선이라면 백은 좋아하며 2 칸을 벌린다. 흑이 우세한 곳에서 이렇게도 즐거운 마음을 가질 수가 있다니, 하고 기뻐할 것이다. 좌상(左上)의 흑의 세력이 울고 있다.

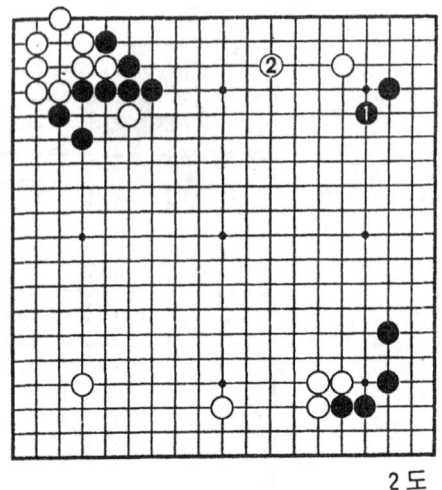

2 도

3 도 흑 1 로 꽉 협공한다. 이것이 유일한 해답이다. 백 2, 4 의 붙여당기기에는 어디까지나 상변(上辺)을 중시하여 흑 5 로 이어진다. 백 6, 8 의 봉쇄는 겁나지 않는다. ● 로 겨누고 있는 것은 백의 외세를 무효로 하는 데 있다.

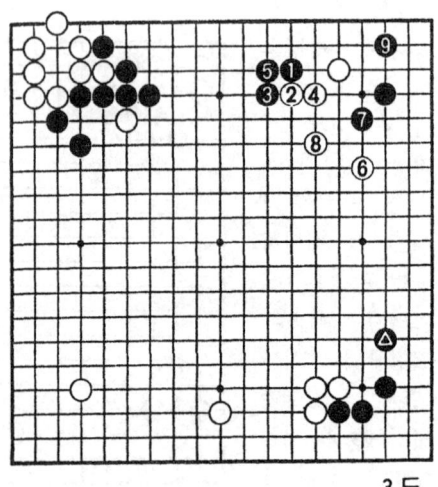

3 도

4도 백 2, 4의 연결이라면 주저하지 않고 싸울 정석을 목표로 해야 한다. 여러가지 모양은 있으나 양쪽의 귀의 연관에서 흑이 싸울 수 없는 이유는 없다. 백의 약석(弱石)은 과연 하변(下邊)에까지 이르게 될 것인지.

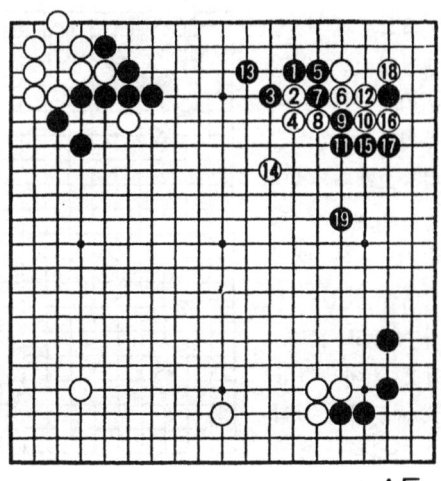

4 도

5도 흑의 협공은 좁을수록 좋다. 3칸 협공 같은 것은 논외(論外)라고 할 수 있으나 예를들면 흑1의 2칸 협공이다, 하고 빨리 살아버린 성과가 적은 느낌이다.

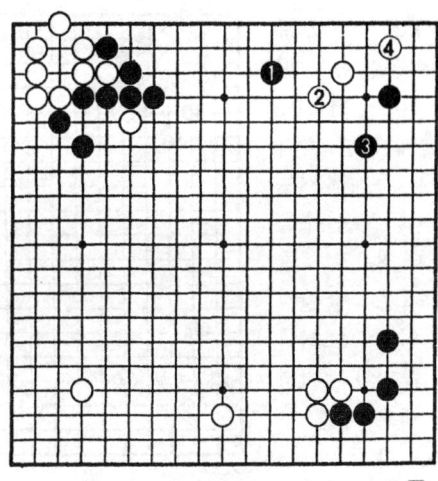

5 도

6도 백의 입
장으로서는 일각
이라도 빨리 마
무리를 짓고 싶
다. 그래서 흑의
입장으로서는 될
수 있는 한 백의
형태를 불안정 하
게 해놓고 싶다.
백 2, 4에 흑 5
로 깨끗이 살리
게 한다면 불만
스럽다.

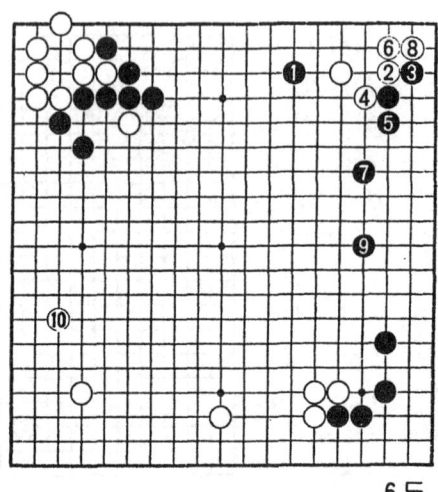

6 도

7도 흑 5로
감아올린다. 이
귀에서 상변(上
邊)에 걸친 흑자
리를 무시해서는
안되며 선수를
써서 좌우로 돌
면 흑은 말할것
도 없다. 그러나
원래 강한 지역
은 백도 어쩔 수
가 없다.

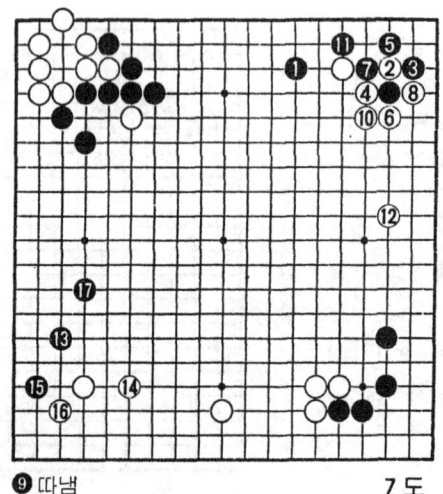

9 따냄

7 도

제 4 형   승수(勝手)를 내다보는 충고

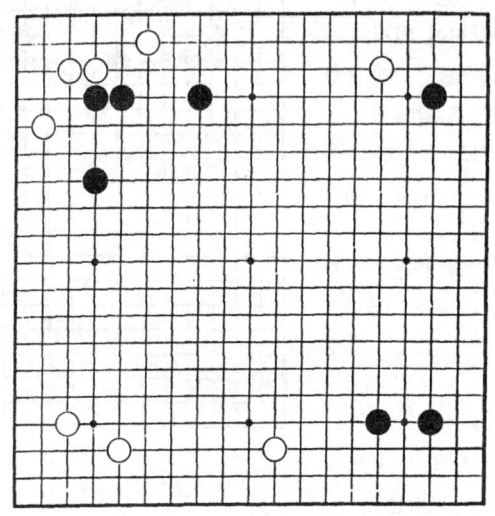

1도 이 바둑은 흑1의 협공은 부족하다. 백에게 마무리를 짓게 하여 우변(右辺)의 부풀어 오른 것이 바람직하지 못하다. 흑1이 끝의 빈 곳을 둘러싸고 있는 느낌을 주는 것도 마음에 들지 않는다.

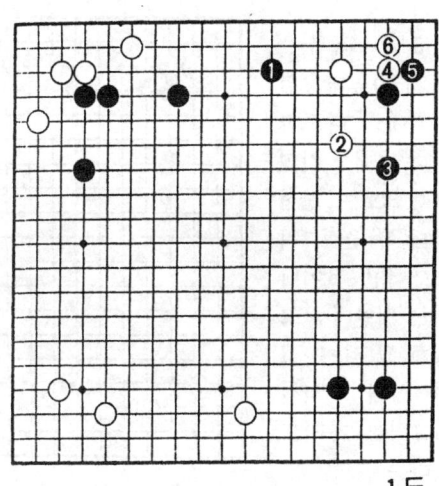

1도

2도 흑1은
박력이 없다. 예
를 들면 백2를
두고 방치해 놓
아도 두 개의 화
살이 없다. 결국
협공을 하게 되
는데 백은 마무
리 짓는 것만으
로도 된다. 백2
와 흑3의 가치
가 전혀 다르다.
어느쪽이 큰가하
는 말은 묻지 말
도록.

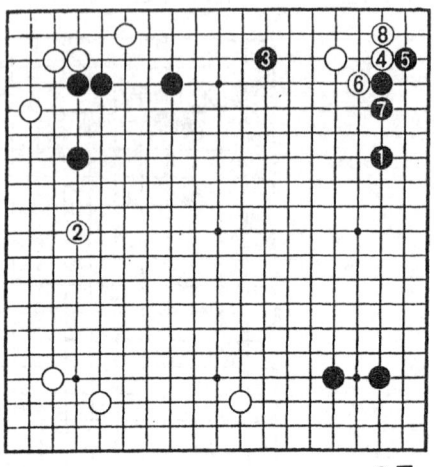

2도

3도 흑1은
자기 마음대로의
생각에 따르고
있다. 백2라면
흑3으로 이상형
(理想形)을 그리
고, 어떤 것이냐
하는 것인데 그
렇게 될 리가 없
다. 상대 역시
사고력을 가지고
있다는 것을 잊
어서는 안된다.

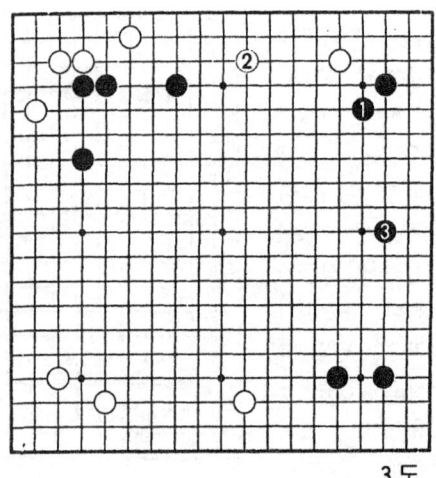

3도

4 도 흑 1 이
라면 백 2 가 되
기 마련이다. 바
둑이 되고서부터
계속 이런 형태
이다. 흑 3 에는
백 4 로 흑이 얻
은 것은 하나도
없다고 말할 수
있다. 이미 백이
우세하다.

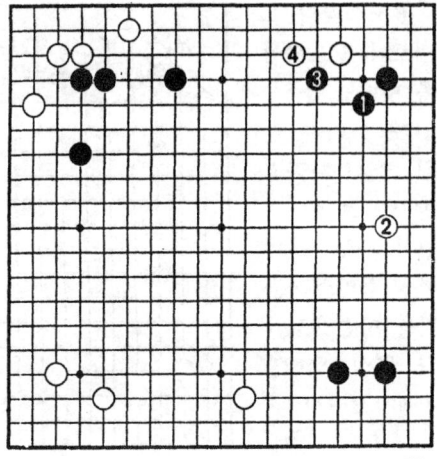

4 도

5 도 앞의 그
림도 너무하다.
그것과 같을 정
도로 어쩌면 그
보다 더한 것이
이 그림이다. 우
변(右辺)이 소중
하면 먼저 흑 1
로 열고 그로부
터 2 에 놓으면
된다고 하는 생
각. 그런데 백 2
에 걸리게 되어
흑이 바라던 자
리가 무너지고
만다.

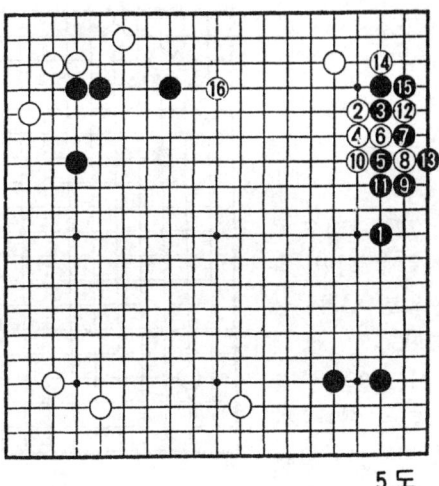

5 도

6도 앞의 그
림보다 흑1쪽이
좀 낫다고 볼 수
있다. 그러나 앞
의 그림보다라고
할 정도로 이 그
림이 흑에 있어
서 불만스러운
것은 마찬가지이
다. 역시 백2,
4에 걸리게 되
어 흑5로 건네
게 되면 저위(低
位)에 견딜 수가
없다.

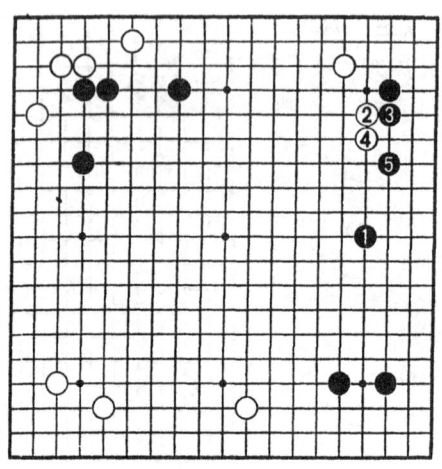

6도

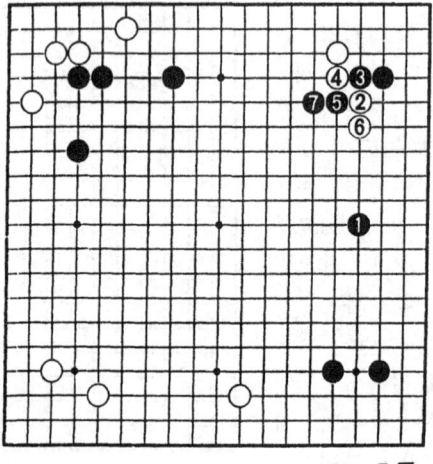

7도

7도 백2로
씌우게 되면 흑
3으로 나가 끊
는다.

이 형은 국부적
으로는 백이 싸
울 수 있는 형태
라고 할 수 있다.

8도 수가 낮
아 몇 점 놓고 두
는 바둑에서 겨
우 성장한 때는
흔히 흑 1, 3 으
로 붙여 나간다.
부분적으로는 흑
이 손해로 되어
있어서 프로의
바둑에서는 거의
볼 수 없으나 이
그림의 흑 7 까지
되고 보면 그 대
비는 제법이다.
백의 반발이 부
족하다.

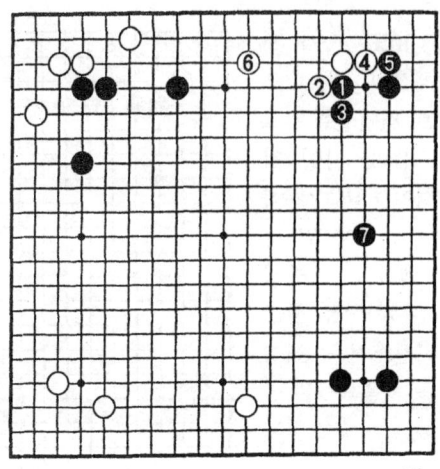

8 도

9도 백 6 으
로 한 수 밀어보
기도 하고 선수
를 잡는 연구를
해볼 것. 그리고
백 10에 돌게 되
면 이것은 위의
백이 굳어져 있
을 뿐만 아니라,
4 도 보다 훨씬
백이 우세를 차
지 하게 된다.

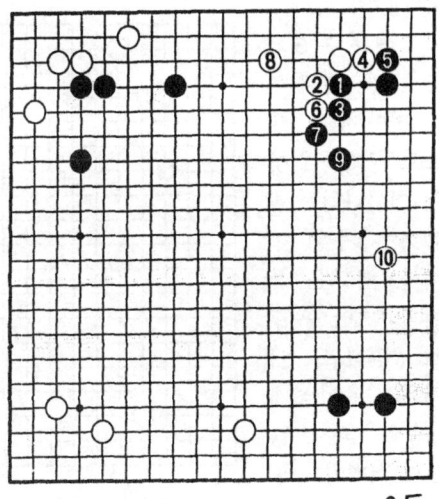

9 도

10도 축을 핑
계삼아 백이 2
로 뛰어들른지도
모른다. 이런 정
석이 있는가 하
고 놀라지 말 것.
백 8 로 중점
(中点)으로 돌고
시원스러운 표정
을 지을 수가 있
다.

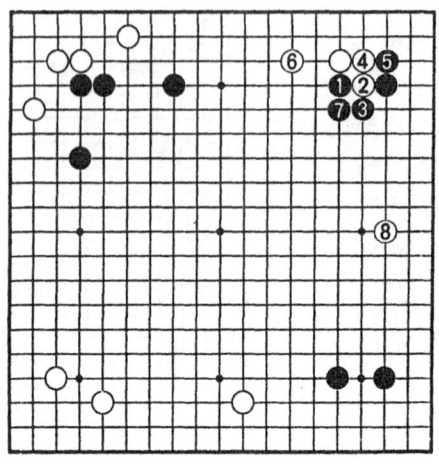

10도

11도 흑 1 의
가장 엄한 1 칸
높은 협공을 정
해(正解) 한다.
백 2 에는 흑 3 으
로 급히 추격하
고 만일 백 4 , 6
으로 근거를 찾
는 것이라면 흑
17까지 무척 두
텁다. 백16은 불
가피하지만 흑17
로 공격하고, 이
백은 용이하게
마무리 되지 않
는다. (백이 ㉮
라면 흑은 ㉯).

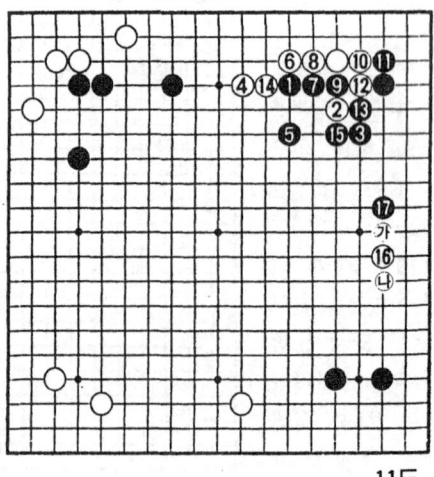

11도

12도 백 2라 면 물론 흑㉮ 아 니면 흑 3의 급 전(急戰) 정석을 선택한다.

백 2, 10의 두 점은 일반적으로 공격 당하는 돌 이 되었다. 그보 다 이미 생명력 을 잃고 있다고 하는 것이 좋을 른지 모른다.

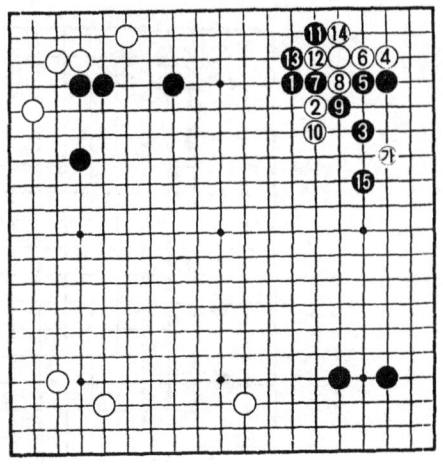

12도

13도 흑 1에 백 2로 벗어나게 하면 백은 대망 의 우변(右辺)을 칠 수 있게 된다. 그러나 흑 3, 5 로 얻은 귀의 실리도 크고, 흑 으로서는 우변의 세력이 우상(右 上) 귀의 실리에 전환했다고 생각 하면 된다.

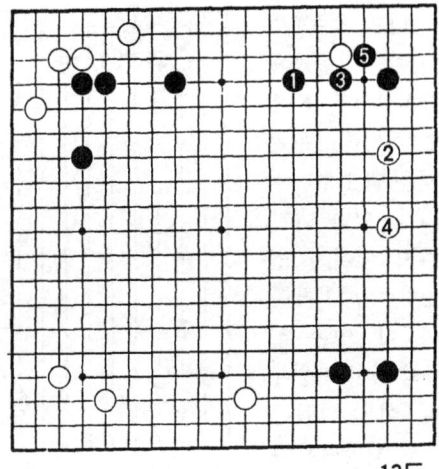

13도

제 5 형 가장 엄한 협공

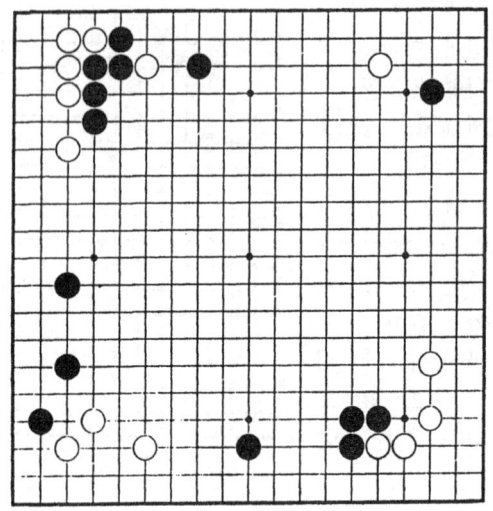

1도 소목(小目)과 바둑돌의 대치형으로 흑 1로 거리를 두는 것은 백 2로 걸리게 되면 나쁘다고 앞에서 말했다. 이 원칙은 바둑이 있는 한 예외 없이 적용된다. 이 그림은 흑의 최악형이다.

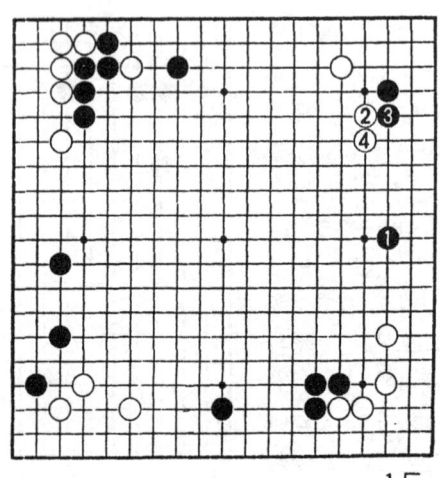

1 도

2도 흑1의
대각(対角)이라
면 조용하다. 그
러나 백2의 벌
림을 허용하게
되면 좌상(左上)
의 세력이 작용
해 오지 않는다.
백의 벌림도 좁
지만 흑5의 벌
림도 앞쪽에 ◎
가 있어서 안심
할 수 없다.

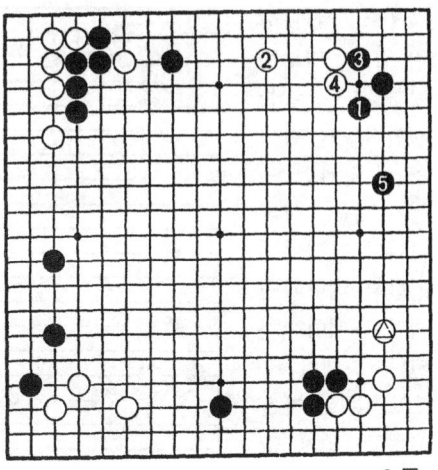

2 도

3도 흑은 꽉
끼는 것이 바람
직하다. 백에서
4의 정석 선택
이라면 흑13이
약간 복잡한 느
낌을 주지만 백
14까지의 모습도
두텁다고 해서
안심하고 있을
수 없다. 주위에
적의 약한 돌이
없으므로 공격 목
표가 되지 않고
있기 때문이다.

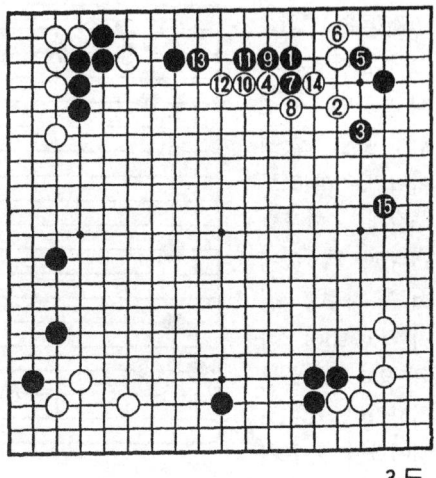

3 도

4 도 백은 빨리 귀를 마무리 짓는 것이 좋을 것이다. 이 바둑은 세 귀에 줄어들지 않은 백의 자리가 있어서 천천히 해나가면 백의 페이스가 된다. 그래서 혹으로서는 그것을 허용할 리가 없다.

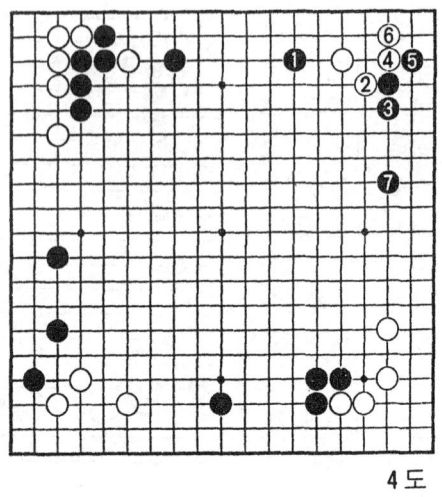

4 도

5 도 백 2 에 혹 3 으로 강정(強情)을 편다. 그러나 백 4 까지 되고 보면 이젠 잡힐 듯한 돌이 아니며, 백 8 로 무겁게 허리를 내리고, 백 ㉮ 에서 혹 자리를 저지화(低地化) 하는 평화 공세를 취하거나, ㉯ 로 뛰어들어 싸우거나 생각해 본다.

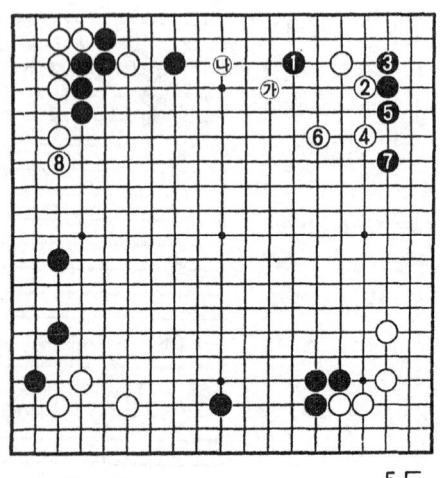

5 도

6도 다시 엄한 흑 1의 1칸 높은 협공을 정해(正解) 하기로 한다. 그러나 백 2에 흑 3 같은 것은 이러할 때 허리가 약하다고 할 수밖에 없다. 곧 백 4로 마무리되어, 그림 4와는 그다지 다른 것이 없다.

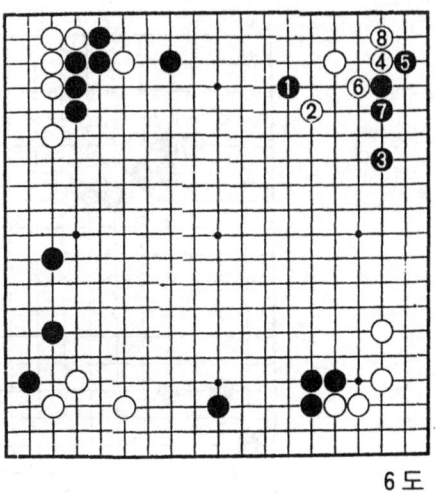

6 도

7도 백 2에는 흑 3, 5로 더욱 더 밀고 나가는 박력이 있어야 한다. 백 6의 신장(伸長)에 흑 7로 2칸으로 벌려 둔다. 이것이 흑에 있어서의 이상도(理想圖)이지만 그렇다고 해서 백에게는 이것을 막을 좋은 변화를 발견할 수 없다.

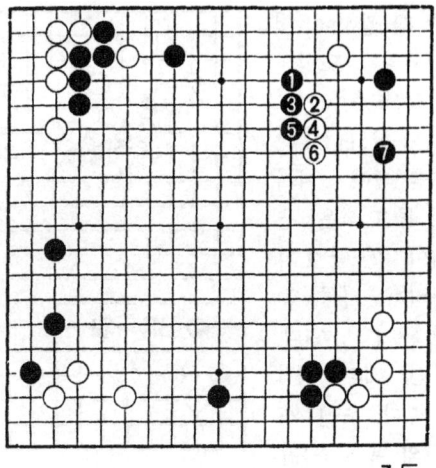

7 도

제6형   선수를 잡고 큰 자리에

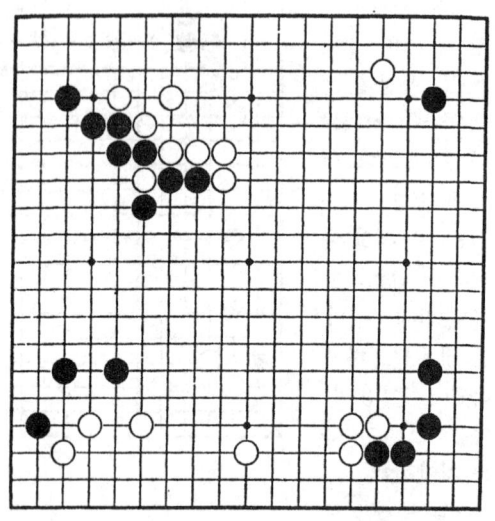

1도   흑 1은 흑 백 쌍방에 있어서의 모양의 접점(接点) 이므로 우상(右上) 은 수를 빼어 여기에 돌고 싶은 생각이지만 백 2의 자리가 너무 틈이 없어 안된다. 상변 백의 간격도 좋다. 우변(右辺)의 흑의 저위가 불쌍하다.

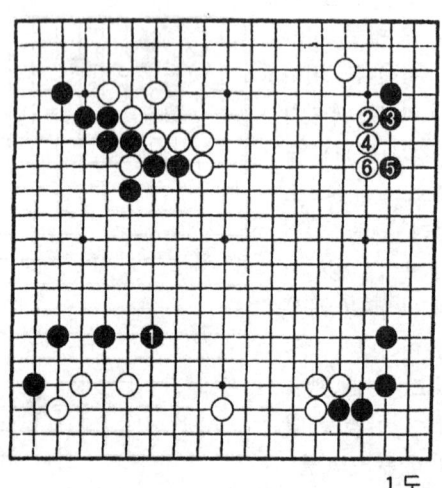

1 도

2도 흑은 협
공을 당하고 있
다고 하기보다는
쳐들어가고 있다.
그러나 백2에
흑3으로 받고
있는 동안에 백
4로 상대의 힘
이 같다면 이 흑
1의 돌이 탈출
하기는 우선 불
가능할 것이다
(협공의 자세가
더 좁다고 해도.

3도 흑이 곤
란한 데는 변함
이 없다. 흑1은
자살 행위라고
해도 된다. 백은
2에서 6으로
다룬 것은 생각
하지 않고, 틈 사
이로 가기만하면
쉬운 진행이 예
상된다. 흑은 양
쪽(両方)을 동시
에는 칠 수가 없
다.

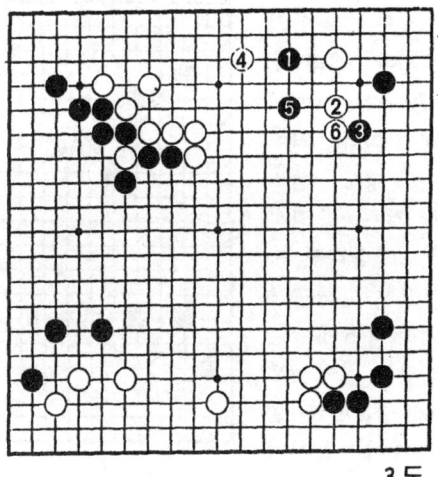

2도

3도

4 도 그렇다
고 해서 백 2 에
귀를 방치하여
3 으로 빠져나가
게 되면 백 4 로
당하게 되어 귀
가 비참하다. 살
려고 하면 살 수
는 있지만 죽는
쪽이 낫다고 하
는 것이 된다. 더
구나 1, 3 의 돌
은 아직도 당분
간 마무리 되지
않는다.

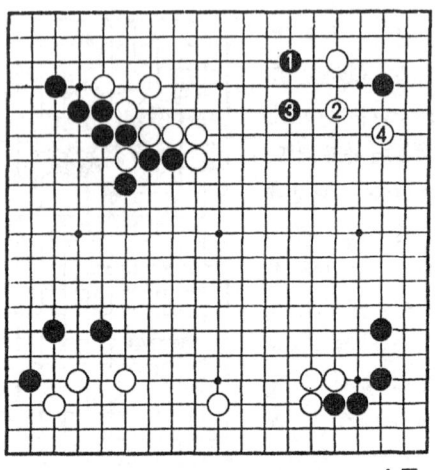

4 도

5 도 흑 1 의
대각이 정해(正
解)이다. 상변이
백 자리가 되어
어느 정도 정리
될 것은 분명하
다. 백 2 라면 흑
3 으로 선수를
쳐서 흑 5 에 돌
아간다. 이것으
로 충분히 비율
이 맞아 들어가
고 있다.

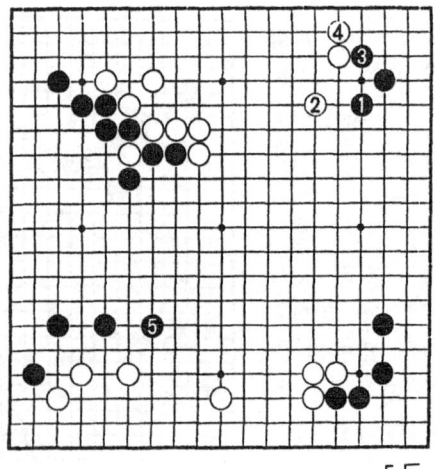

5 도

6 도 백 2 의
돌에도 같은 것.
이번에는 흑 ㉮
의 대각에 붙는
것이 효력이 없
을른지 모르기
때문에 곧 흑 3
으로 돌아간다.
백 4 로 받으면
흑 5, 7 이 아주
좋아 흑은 나쁘
지 않을 것이다.

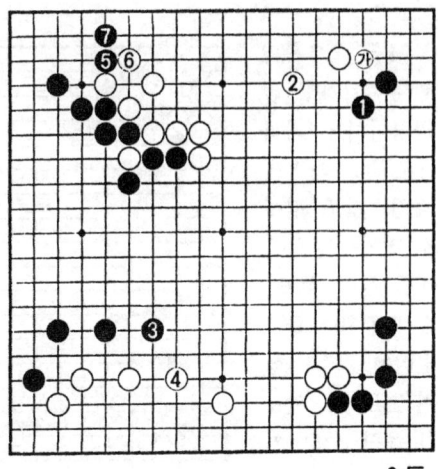

6 도

제 7 형 침착이냐, 난전이냐

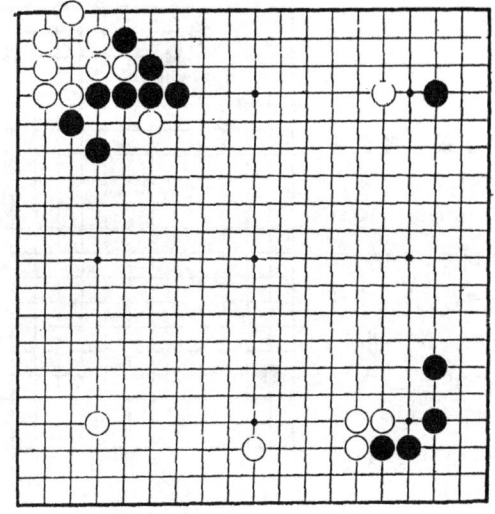

1도 오른편 위의 귀가 지금 최상이다. 좌하 (左下) 흑1에 걸린 것도 절대로 적지 않으나, 예를 들면 백6, 8에서 10으로 벌리게 되면 상변(上辺)의 관계가 몹시 재미가 없다. 좌변(左辺)의 형태가 끝이 비어 있다는 것을 주의해야 한다.

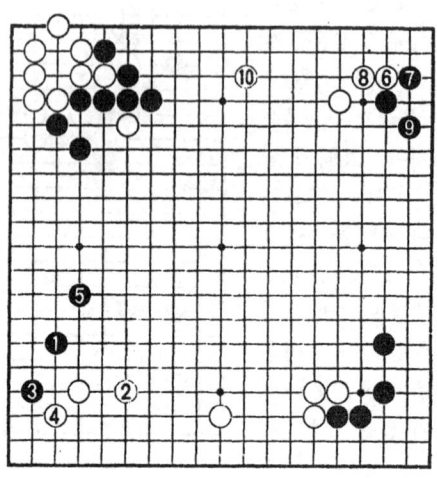

1 도

2도 백6이 붙여 오고 흑7이 오히려 협공하려고 하면 그 기분은 알 수가 있다. 흑11에서는 ㉮도 치고 싶다. 우변이 저위(低位)이기 때문이다.

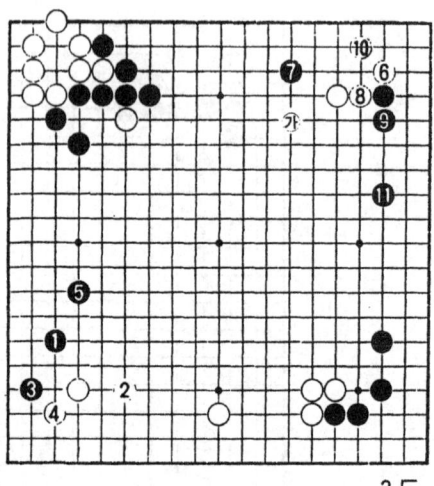

2 도

3도　혹1의
날일자　받음은
아마도　최악의
선택이　될 것이
다. 이유는 새삼
스럽게　말하지
않겠으나 1도와
비교해 볼 것. 이
귀는　옆의　귀와
의　관계를 보아
더　위엄을　나타
낼 수 있다.

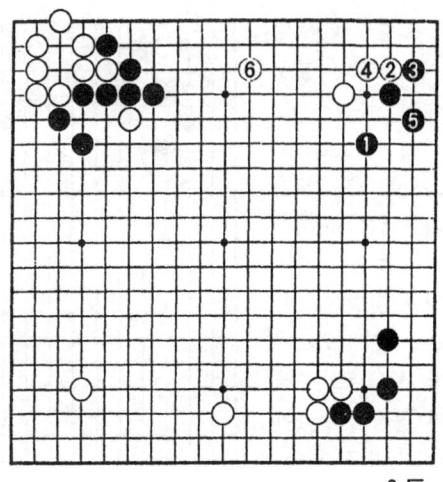

3도

4도　아뭏든
협공하고　싶다.
백2로부터는 기
본 정석의　하나.
그러나 혹15까지
나가보면　상변의
양쪽이 너무 두
터워 그에　비해
서는　좁은　느낌
이　든다. 선수를
얻은　백이　천천
히 16의 호점(好
点)을 점하는것도
마음이 상한다.

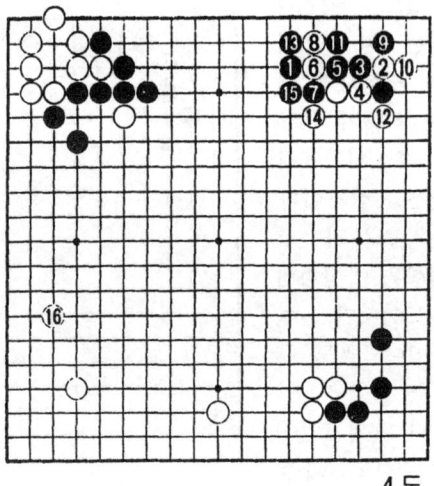

4도

5 도 백은 앞
의 그림의 도중
에서 축을 강조
하여 백12로 변
화할른지도 모른
다. 백은 30까지,
사과 속을 모두
먹은 것같은 기
분인지도 모르지
만 흑㉮로 부터
의 공격이 있어
서 일방적으로
흑이 나쁜 것만
은 아니다.

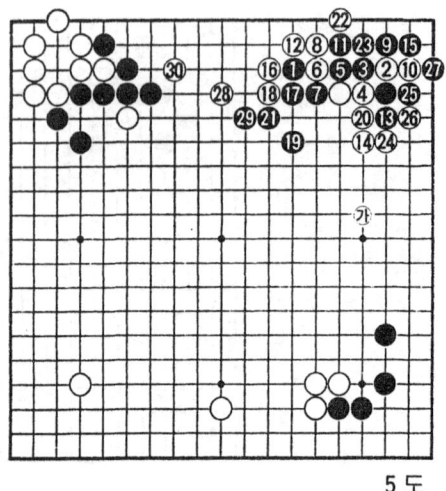

5 도

6 도 여기에
서는 필자도 약
간 당황하게 된
다. 하나의 생각
은 흑 1의 2칸
높은 협공이다.
먼저 보통의 정
석형을 예상하면
흑13까지가 될
것이다. 백도 근
거를 얻을수 있
으나 흑의 양쪽
의 대비도 훌륭
하다.

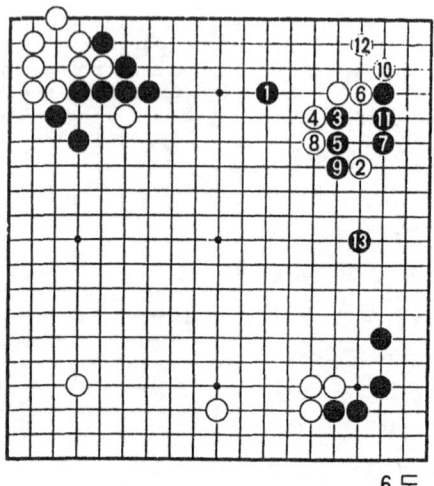

6 도

7 도 흑 1 에
단순히 2, 4 로
뛰어 오는 것도
예상된다. 백 6
으로 호점 (好点)
이 되겠지만 흑
도 우상(右上) 의
백의 약세를 겨
누면서 중반(中
盤)에 들어가게
될 것이다.

8 도 또 하나
의 생각은 흑 1
의 1칸 높은 협
공. 엄하게 붙여
가서 백 4 까지를
강압하여 흑 5 로
좌하(左下)로 돈
다. 상변에의 쳐
들어가기를 환영
하는 방법이다.
앞의 그림은 침
착한 형. 이 그
림은 난전지향형
(難戰志向型) 의
포석으로 어느쪽
이 우세한가는
단언할 수 없다.

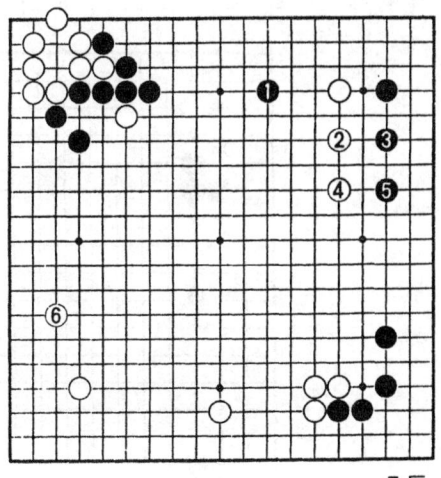

7 도

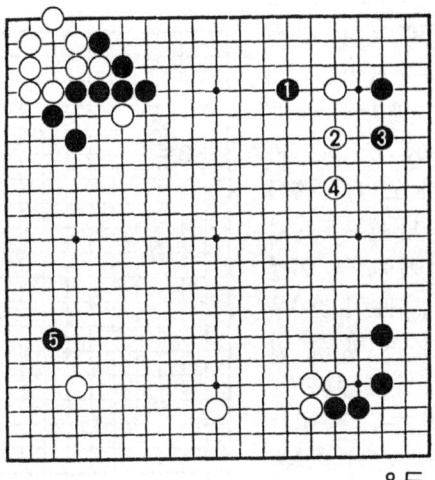

8 도

64

제 8 형 수를 줄이면 불리해진다

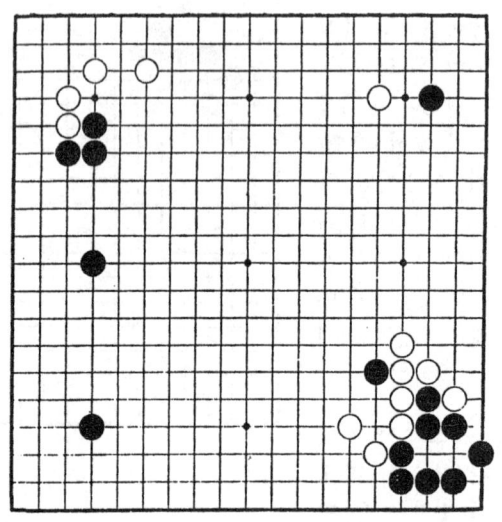

1도 우선 오른쪽 위의 귀에 수를 줄이는 것을 생각해 보자. 호점(好点)은 좌하(左下)의 흑이지만 백 2로 걸리게 되어 어떻게 되는가. 아무래도 피할 수 있는 수가 없다. 역시 수를 줄이는 것은 좋지 않은 상황인것 같다.

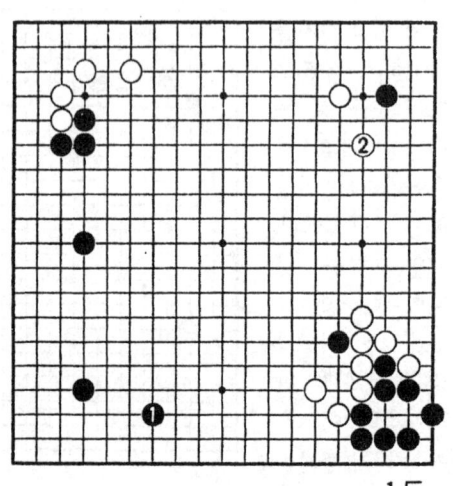

1도

2 도 흑 1, 3
의 붙여뻗기가
적절한 곳이다.

흑 5 로 오른쪽
밑의 백의 외세
를 힘을 못쓰게
한 것이 좋으며,
백은 상변으로
빈틈 없이 맞은
착점(着点)을 볼
수가 없다. 백 6
정도의 것이지만
흑 7 과 좌하(左
下)를 치면 흑은
만족하다고 할
수 있다.

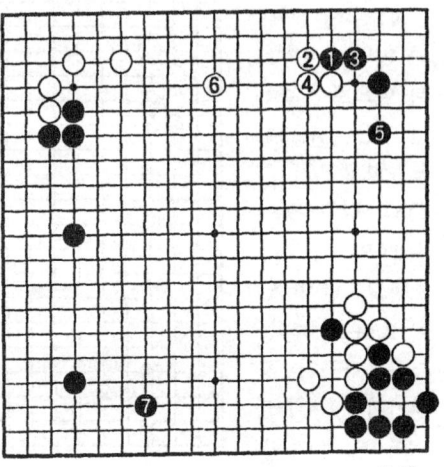

2 도

3 도 그래서
백은 2 로 사태
가 되고 만다. 이
하, 작은 사태의
정형(正型)을 예
상해 보기로 한
다. 여기에 형성
된 흑의 세력은
오른쪽 밑의 백
의 세력과 상쇄
되어 있다.

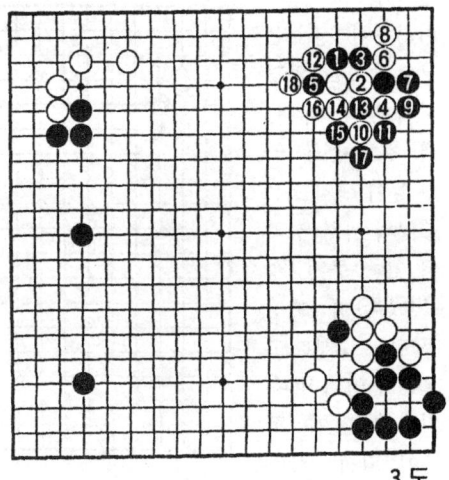

3 도

4도 눈 사태
는 어떤가. 흑11
의 밖으로 돌아
간 것은 흑23을
보류하고 단순히
25로 감싼 것이
혹㉮의 누르는
효과도 남아 있
어 옳다고 하는
것이 최근의 상
식이지만, ㉮를
효력 있게 할
기회는 없다.

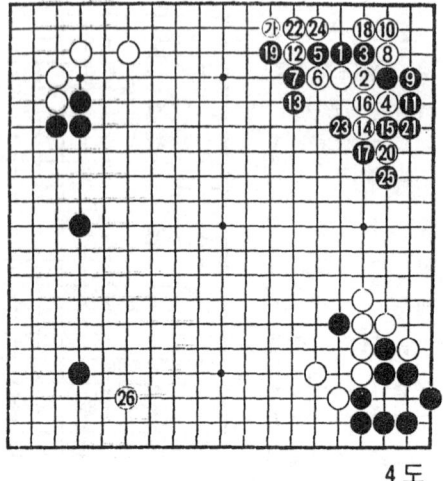

4 도

5도 눈 사태
안의 굽어진 정석
이다. 이 정석은
부분적으로 완결
되어 있지 않다.
백 흑 쌍방에 약
한 돌이 생기므로
중앙의 서로 엉키
어 있는 곳의 성
부(成否)가 포인
트지만, 그렇다고
오른쪽 밑의 백의
외세(外勢)가 도
움이 되지 않을
리가 없다.

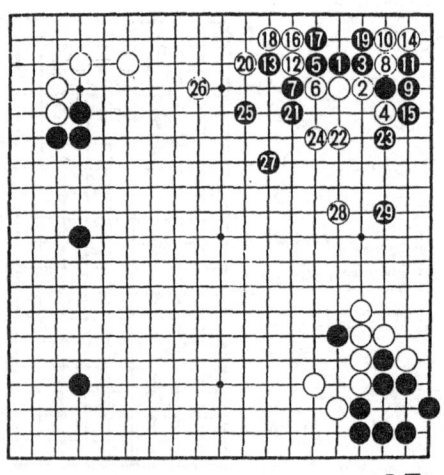

5 도

6 도 흑 1의 협공은 명확하게 되어 있다. 백 2 부터의 기본 정석 이 되면 문제없이 백이 좋아진다. 선수를 잡고 백16 에 돌고 그 후에 백 ㉮를 치면 우 변이 백의 확정지 에 가까와진다.

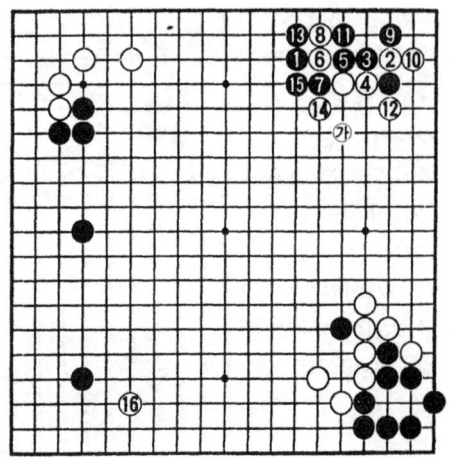

6 도

7 도 흑1로 2칸 높은 협공을 해본다. 흑 13까 지는 가장 일반적 인 정석형이다. 확실히 흑 13은 좋은 위치이지만 백 14까지의 상변 의 백의 형태도 좋다. 흑 또 하나 라고 하는 곳이다.

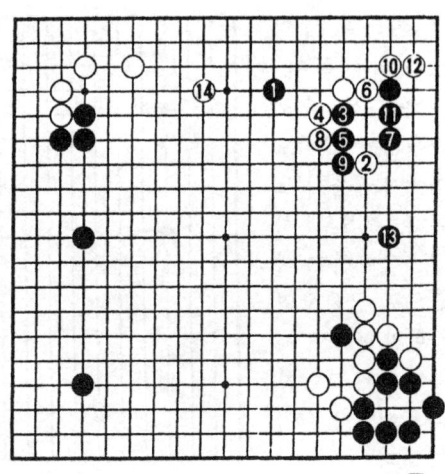

7 도

8도 흑1을
사냥해 본다. 옆
에는 백의 힘이
강하기 때문이다.
흑 7 까지는 그렇
다고 할 수 있다.
그러나 보고 있으
면 인간이란 자꾸
만 욕심이 생기게
되는 모양이다.

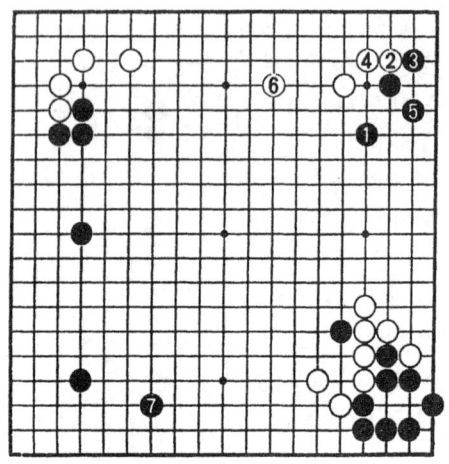

8도

9도 흑 1의
1칸 뛰는 쪽이,
우변을 한 수로
끊어치는 의미도
있어서 좋을지 모
른다. 흑5의 하
강을 경계하고 백
6으로 굳혀오면
상변의 형태도 이
쪽이 앞의 그림보
다 스케일이 작아
져 있다.

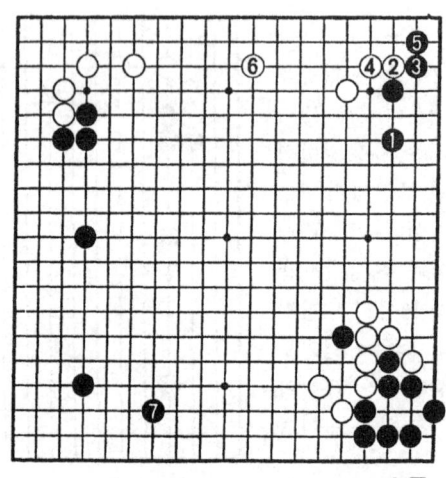

9도

제 9 형 뜻밖의 정해(正解)

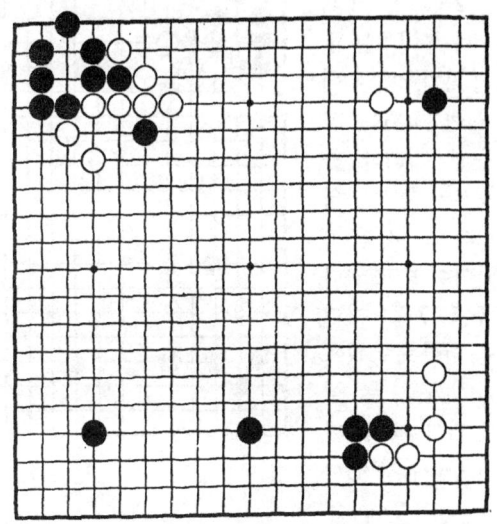

1도   흡사한 모양으로 앞에서 연구했다. 이 형 도 정신은 같은 것으로 상변을 백 자리로 하여 치는 마음의 대비가 필 요하다. 혹 1의 공격(협공은 아 니다)은 역시 스 스로를 괴롭힐 뿐 이다.

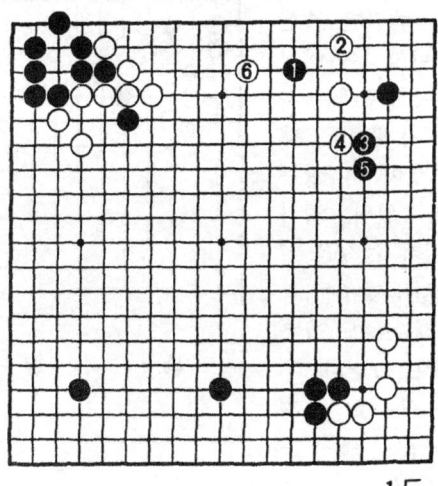

1도

70

2도 흑 1의 위에 붙이기는 좋지 않다. 백 4에 흑 ㉮로 튀는 것은 백 자리만 증대시켜 흑 모양의 아래 쪽에서 ◎가 들여다 보고 있다. 흑 5, 7로 자리를 잡아도 백에 좌하(左下)로 돌게 되어 백 12까지 두터워져 있다.

3도 흑 1, 3의 밑에 붙이는 정석이라면 흑은 무난할 것이다.

이 경우에는 사태가 되어도 백이 좋아지지 않는다. 앞의 형의 '사태' 정석을 이 그림에 맞추어 확인해 보면 알게 된다. 그러나 흑은 후수로 좌하(左下)는 백에 돌아간다.

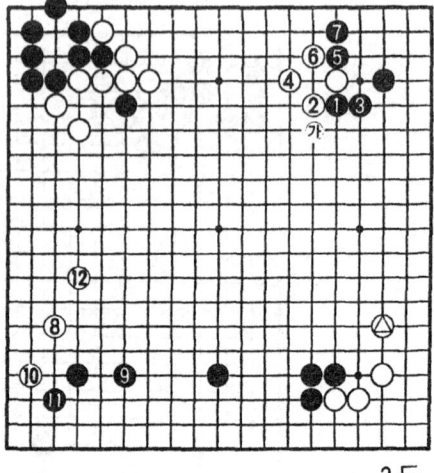

2 도

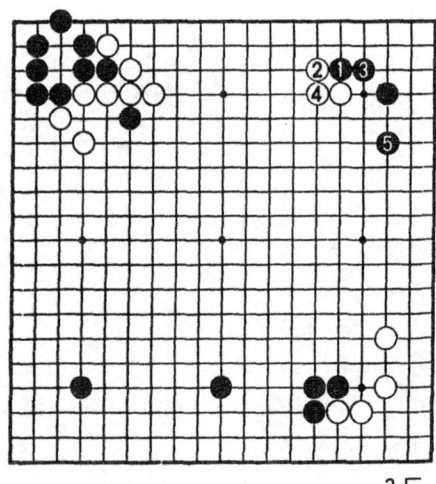

3 도

4도 혹 1의
1칸 받음이라면
백 6까지 혹이 선
수를 잡게 되어
좌하(左下) 귀에
선수를 칠 수가
있다. 그러나 귀
의 혹 자리, 백의
형태 등을 고려하
여 앞의 그림과
흡사한 데를 생각
해 볼 것.

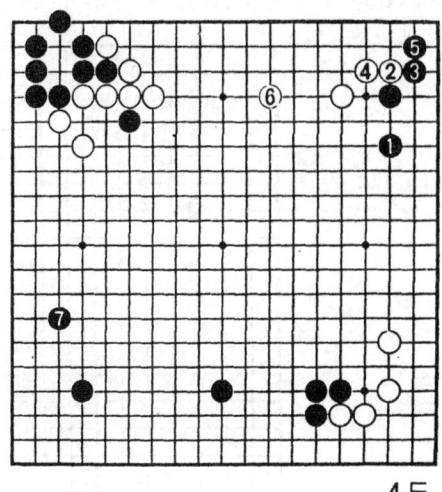

4 도

5도 최선은
오른쪽 위를 생략
하여 왼쪽 밑의
혹 1이었다. 백 2
가 걸고 오는 것
은 필연이지만 혹
3, 5로 마무리
되어 혹 7의 2
칸 뛰기가 전국적
인 호점(好点)이
된다. 혹 7로 뛰
고 싶어서 백에게
걸어오기를 시켰
다고도 할 수 있
다.

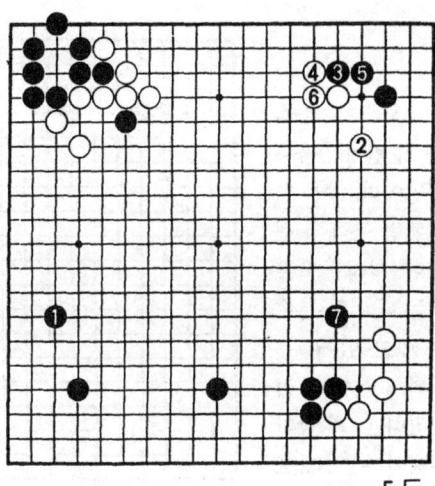

5 도

72

제10형 우변(右辺)이 흑의 생명

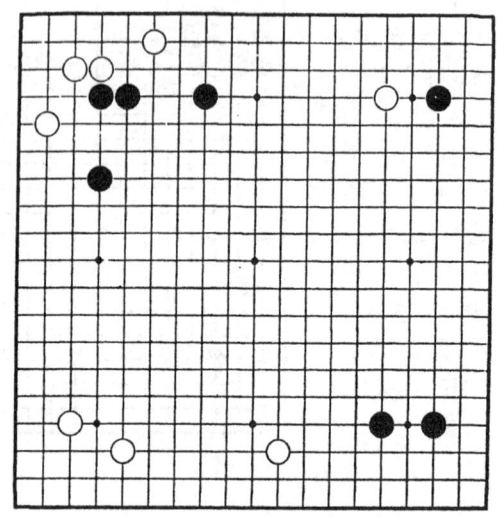

1도 이 바둑
은 우변이 흑의
생명이다. 이 그
림처럼 구석에 편
중한 정석형으로
서는 백8로 본수
를 맞고 있어 우
변의 발전성이 없
어졌다. 최악의
선택이라고 해도
좋다.

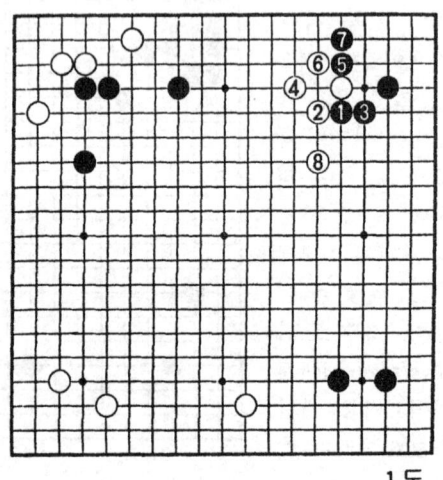

1도

2도   그렇게
되므로 흑5로부
터 열심히 우변을
부풀어 오르게 한
다. 그러나 아무
래도 간격이 너무
넓어서 백 14로
갈라치게 되면 좋
지 않은 느낌이다.
이하 흑 ㉮, 백
㉯, 흑 ㉰, 백 ㉭
로 아무래도 공격
할 수 없을 것 같
다.

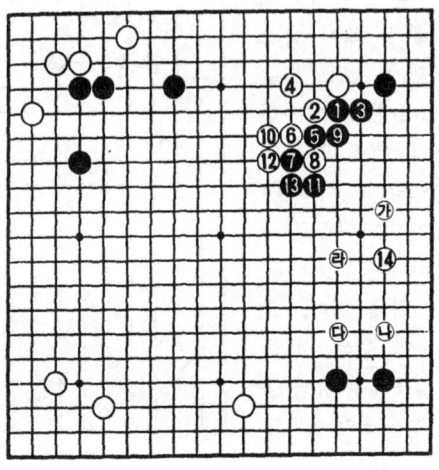

2 도

3도   흑 1의
밑에 붙인 것이
좋다. 흑5로 의
연하게 우변은 흑
의 보고가 될 가
능성이 있다. 상
변의 백은 막힌
듯한 느낌이 있어
흑 ㉮, 흑은 ㉯
의 공격도 겨누어
볼 수가 있다. 흑
1로 무서운 것은
'사태'이지만—.

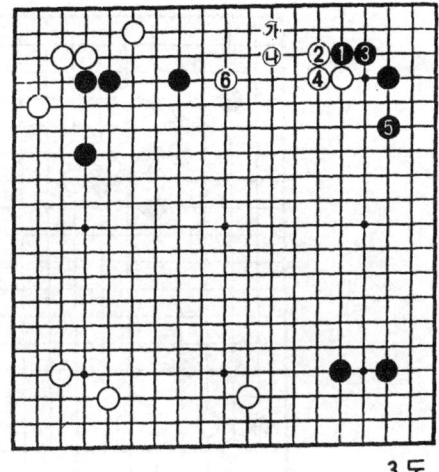

3 도

4도 작은 '사
태'는 백이 축으
로 하므로 흑은
'사태'를 거절한
다. 흑5, 7은 임
시의 세공(細工)
이지만 백8로 수
비하여 흑9가 적
당하게 있다. 오
른쪽 위의 백은
경우에 따라서 공
격 목표가 될 수
도 있다.

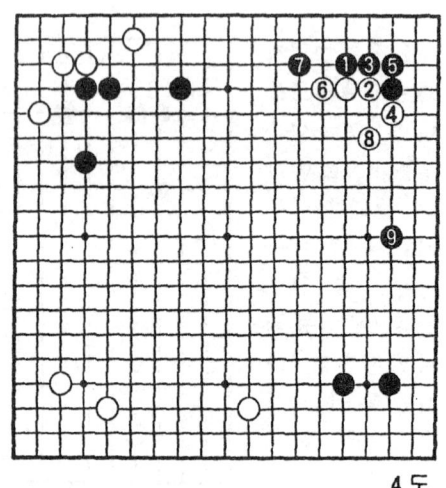

4 도

제11형 백의 스케일의 문제

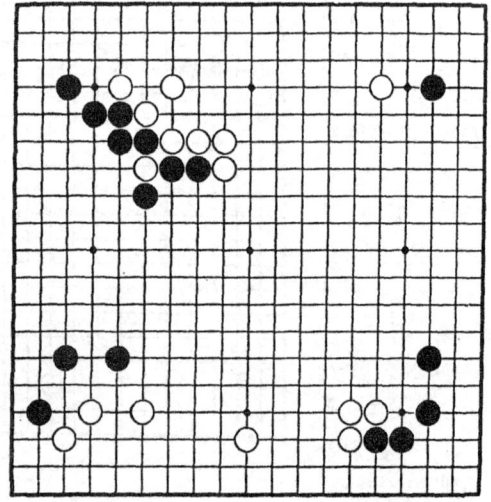

1도 흡사한 형태가 몇 번이나 나와서 협공이 나쁘다는 것은 알았으리라 생각한다. 하지만 생각에 생각을 거듭하여 그 나쁜 가감을 조사해 보자. 흑 1의 2칸 높은 협공. 백 2에 흑 3이라면 백 4로 귀를 제압하고 흑 3으로 4라면 백 3.

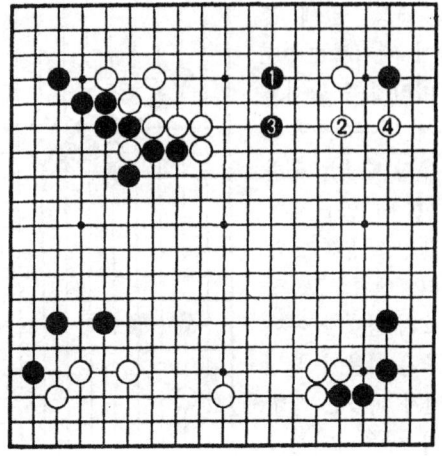

1도

2도 흑 1의 1칸 협공에도 백 2. 단호히 흑의 사이를 뜨게 한다. 백 4는 약간 손해이므로 보류할 것을 생각하지만 어차피 백 6으로 공격을 받아 거의 절망이다.

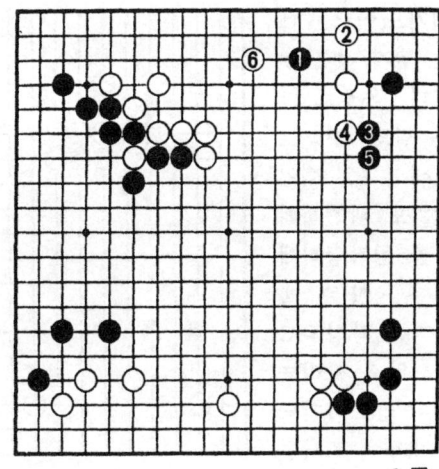

2도

3도 밑에 붙
여 빼기에는얼른
머리에 쏙 들어오
지 않는다. 흑은
우상(右上), 우하
(右下) 모두 낮아
밸런스가 좋지 않
다. 백 6으로 절
호의 점에 돌아서
좋은 기분이다. 날
일자 바둑은 상대
가 좋은 기분이
되지 않도록 해야
한다.

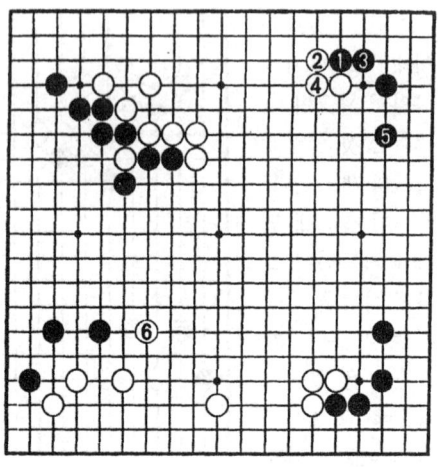

3 도

4도 위에 붙
이기도 이 경우에
는 좋지 않을 것
이다. 흑 5로 ㉮
는 말도 안되고
5에서 7로 뻗어
나가도 태연하게
8을 점거당하게
된다. 상변의 백
자리는 확정되고,
우변의 흑 자리는
㉯의 급소이기도
하여 한 수로서는
포위할 수가 없다.

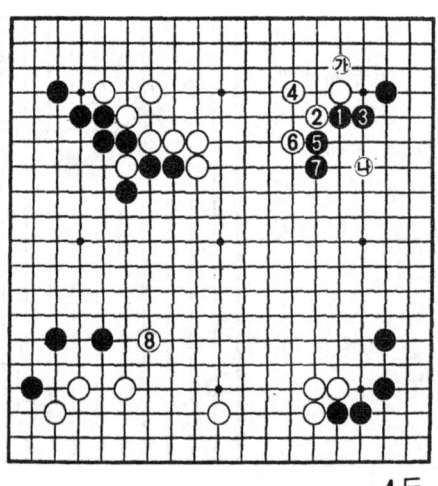

4 도

5도 수 줄이
기는 어떨가? 흑
1은 과연 호점
(好点)이지만 백
2의 날일자 자리
는 더 좋은 호점이
다. 역시 여기에
서는 오른쪽 위를
선수로 끊어올리
고 1에 돌아가는
것을 생각하지 않
으면 안된다.

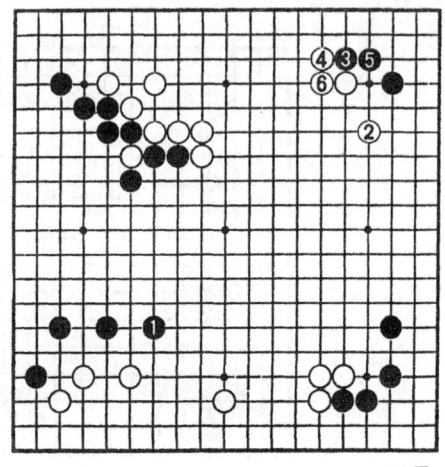

5도

6도 여기서는
흑1의 돌을 추천
한다. 흑1부터
㉮에 걸이를 당
하게 되면 안되기
때문에 백은 2,
4에서 6의 수비
정도. 그래서 흑
7로 돌게 되면
백의 스케일은 앞
의 그림보다 훨씬
작다.

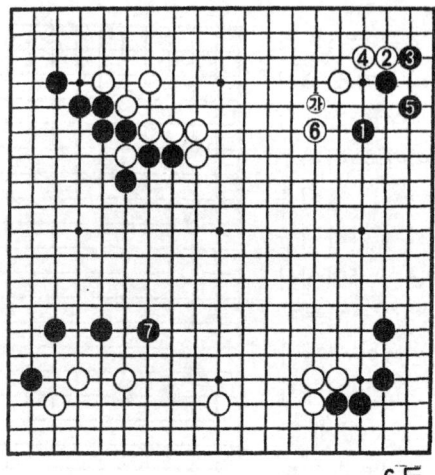

6도

제12형 스마아트한 전개

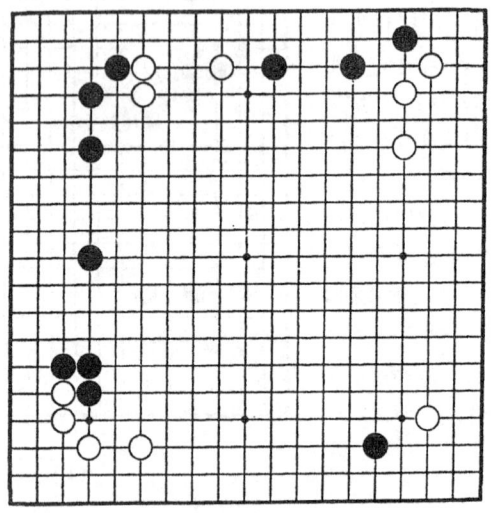

1도 우선 최
악의 선택을 제시
해 본다. 흑 1의
걸이이다. 아마추
어는 이 걸이를
몹시 좋아하지만
과연 이 국면에서
는 치는 마음이
없는 것이 아닐까.
흑 ㉮로 전개하
는 그 코 앞에 ▲
가 대기하고 있다.

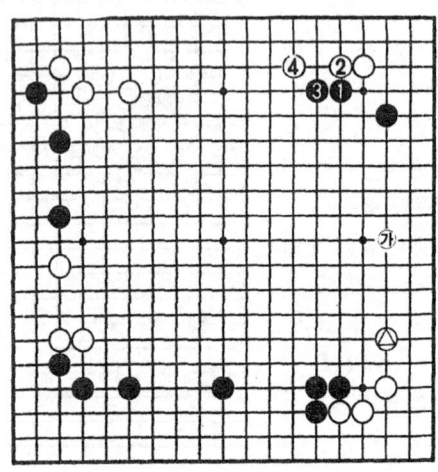

1도

2도 프로라면
이 형에서는 우선
흑1을 생각하게
될 것이다. 백2
로 협공시키고 나
서 흑3으로 걸어
보자는 주문이다.
그러나 그런 제멋
대로의 주문은 절
대로 통하지 않는
것이 또한 프로의
바둑이다.

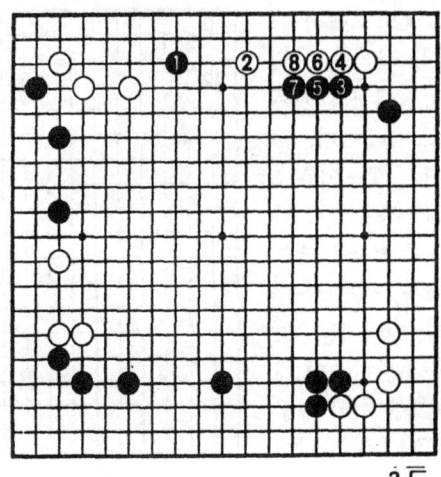

2 도

3도 백2, 4
의 붙여 뻗는 것
이 임시조치. 흑
7의 방향이 역시
유쾌하지 못하고
백8의 벌림의 메
우기가 흑 1의 한
점을 공격하는 일
석이조가 된다면
국부적인 흑의 유
리한 곳은 곧 날
아가고 만다.

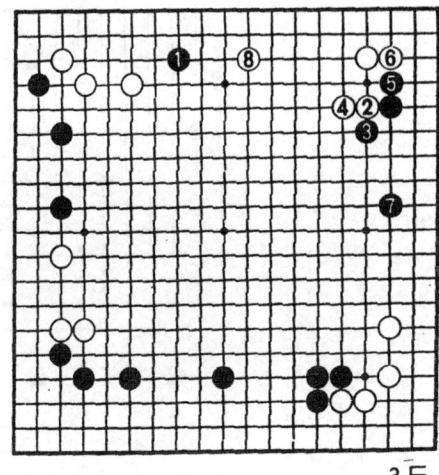

3 도

4도 대사(大斜) 정석은 어떤가. 대사백변(百變)이라든가, 천변(千變) 이라든가, 하고 있으나 대사 정석은 흔히 매우 커다란 싸움이 벌어지는 경우가 많다. 그 때 가까운 귀의 원군(△의 두 점) 이 대기할 수 있는 백이 싸우기 쉬운 것은 당연한 이치다.

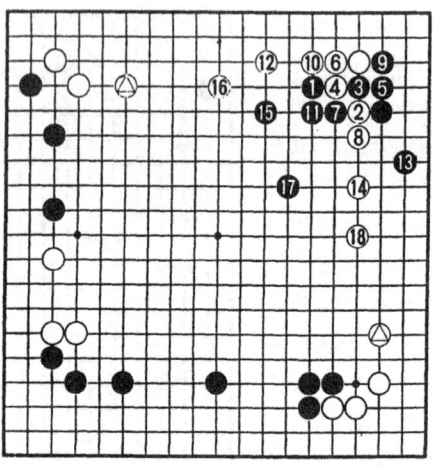

4도

5도 흑 1의 2칸 협공이 재미있다. 백2의 대각에 흑3의 전개. 자연히 요점에 돌이 가는 스마아트한 모양을 보이고 싶다. 오른쪽은 흑5로 판단만 하면 된다. 어차피 자리가 마련되는 곳은 아니다.

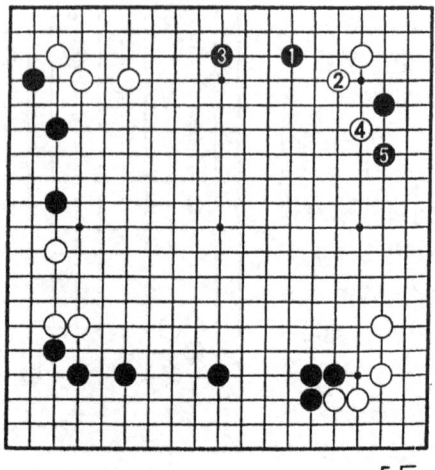

5도

6 도 앞의 그림이 정해(正解)이지만 좀 다른 연구를 소개해 보겠다. 흑 1에서 5까지는 '사까다' 정석. 백 6일 때 흑 7로 벌린다. 보통이라면 ㉮로 벌리지만 여기서는 7이 우수한것이 명백하다.

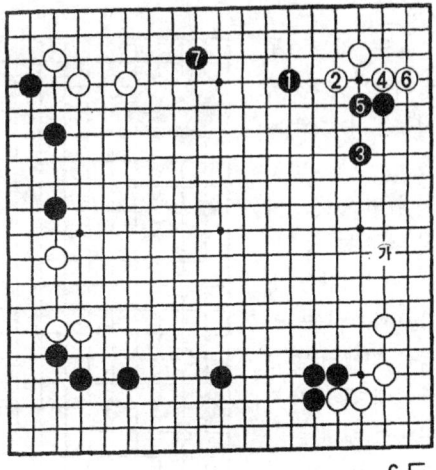

6 도

제13형   한눈에 떠오르는 그림

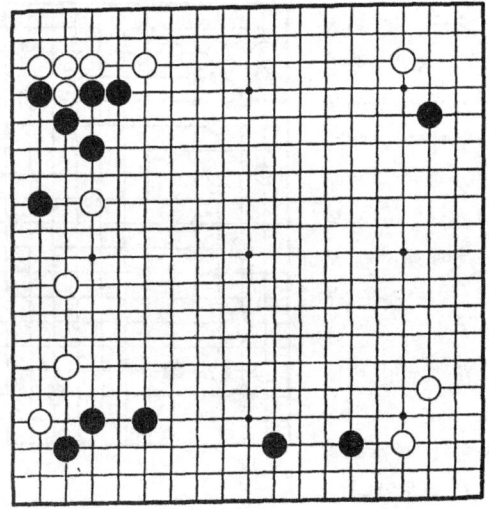

1도 버드나무 끝의 미꾸라지를 겨누었다. 그런데 흑1, 3의 방향이 틀려 있다. 마치 의미없는, 못 쓰는 자리같은 변(辺)과, 작은 이득을 귀에서 얻는 동안에 백 10까지 단단한 형태로 만들어졌다. 흑 최악의 선택이 된 것이다.

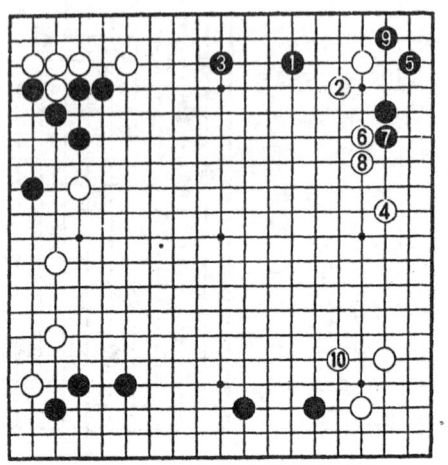

1 도

2도 대사(大斜)는 앞의 형만큼은 아니라 해도 원군이 가까이에 있는 백쪽이 싸우기 쉽다. 프로의 바둑에 대사가 보기 드문 것은 무섭기도 하지만 대사를 적절한 형태로 하는 포석을 상대가 허용하지 않기 때문이다.

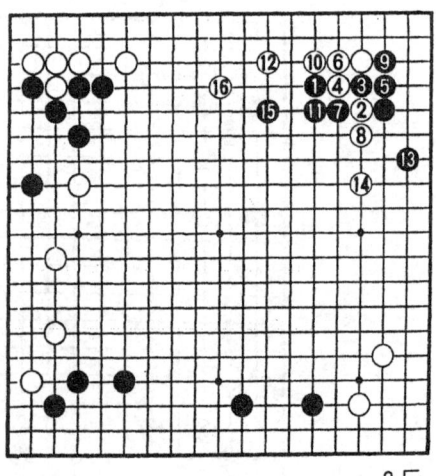

2 도

3도 흑 1에
씌우는 한 수. 왼
쪽 위의 낮은 자
세를 본 순간에
이 그림이 떠올라
야 한다. 이하의
수의 순서는 기본
정석이기 때문에
수는 길지만 특별
히 해설하지 않는
다. 흑은 문제가
없어 좋다.

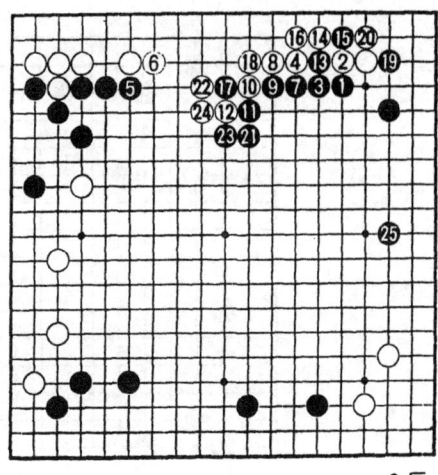

3도

4도 따라서
백으로서는 그 코
오스에 말려들지
않도록 두지 않으
면 안된다. 많이
뻗고 손을 빼어
백 6으로 요점을
점거한다. 흑 7의
선수 봉쇄를 믿는
다고 해도 앞의
그림에 비하면 그
래도 좋은 편이다.

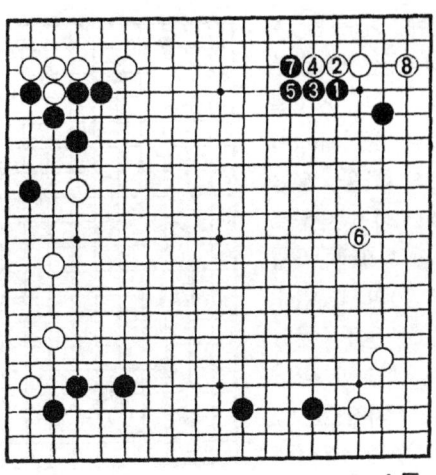

4도

제14형 아차! 붕괴냐!

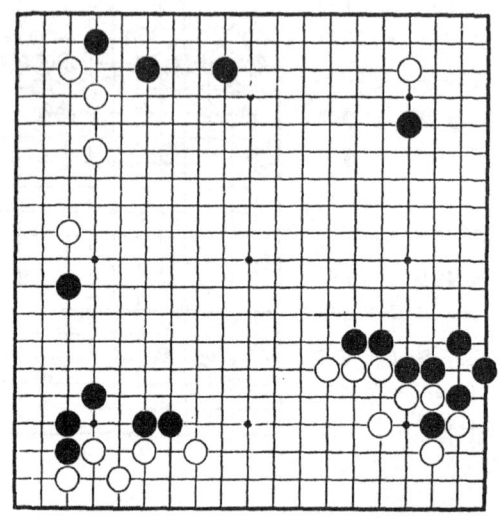

1도 우선 최
악의 선택으로부
터 간다. 흑1로
옆에 붙이기에서
5의 안을 끊는
것이 가장 서투르
다. 흑9에 마침
백10의 축 단수
에 무릎을 꿇었
다. 흑11로 빼낸
힘도 좌상(左上)
의 낮은 정석에
가중되어 있다.

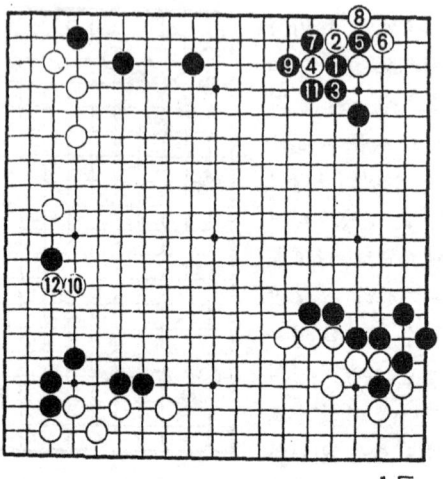

1도

2도 그래서 백4의 모는 수를 놓았을 때는 흑5로 밖을 끊어야 한다. 흑9까지 가게 되면 백의 움직임에 왼쪽에 낮은 흑이 있어서 백은 불만이다. 그에 비하여 우변의 흑 모양은 잘 되어 있으며, 조심하지 않으면 그대로 집이 될 듯 하다.

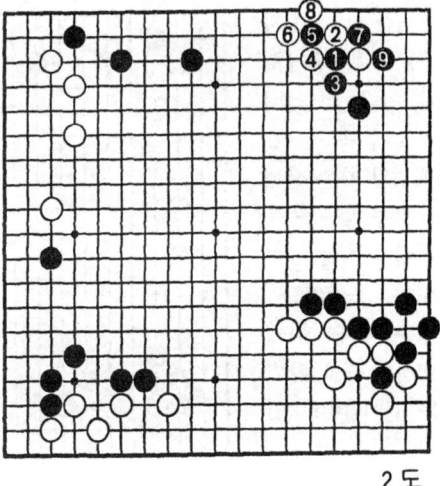

2 도

3도 그럼 앞의 그림이 흑 최선의 선택이냐 하면 그렇지는 않다. 흑1, 3에 백은 4로 뻗는다. ㉮에 약점이 있어서 흑은 9로 지킨다. 이 정도라면 백은 하나 하나 두면서 다음 기회를 노린다.

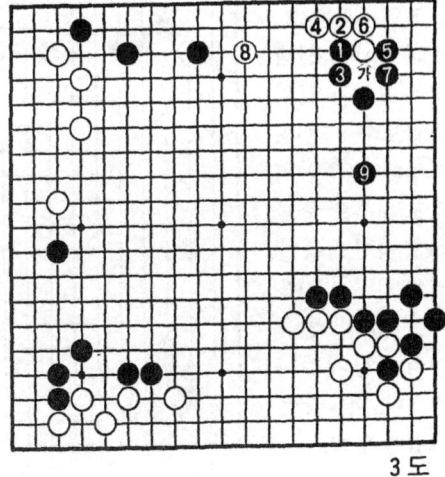

3 도

4도 흑1의 '걸침'을 생각할 수 있다. 그러나 백2에 흑3, 5에서의 기본 정석으로는 흑은 충분하다고는 할 수가 없다. 우변의 폭이 세력의 힘에 비하여 좁고 상변은 끝이 비어 있다.

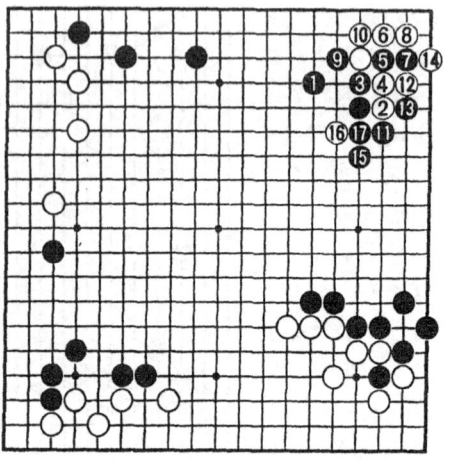

4 도

5도 흑은 3, 5의 정석을 선택하는 모양이 앞의 그림보다 낫다. 그렇다면 우변의 폭도 대체로 무난하고, 상변도 흑⑰, 백⑭가 효력을 내고 있어 좋은 자리가 될 것같다. 그러나 더 좋은 그림이 있다.

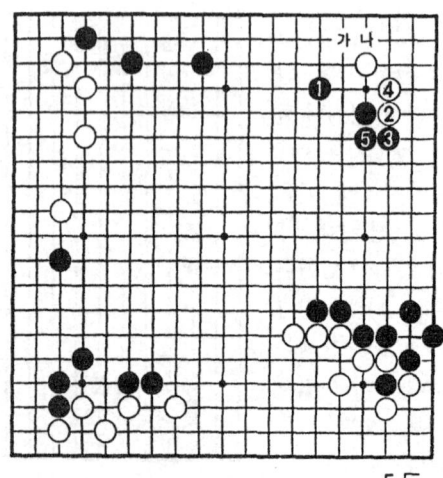

5 도

6도 백2의
'붙이기'에 흑3
이 모는 수를 내
는 정석을 선택한
다. 백16일때 흑
17로 변한다. 백
세점이 가는 앞
에 흑의 벽이 막
아섰던 것이다.이
것으로 다분히
백이 붕괴될 것
이다.

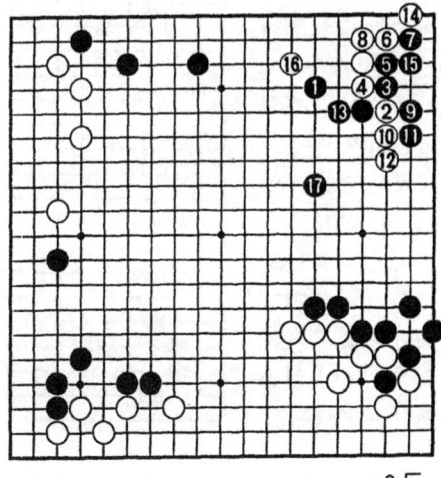

6 도

7도 백2와
'붙이기' 수는 축
이 좋을 때 두는
수지만 흑은 물론
축이 좋고, 이러
할 때는 축에 관
계 없이 흑11로
크게 좋아진다.
따라서 부득이一.

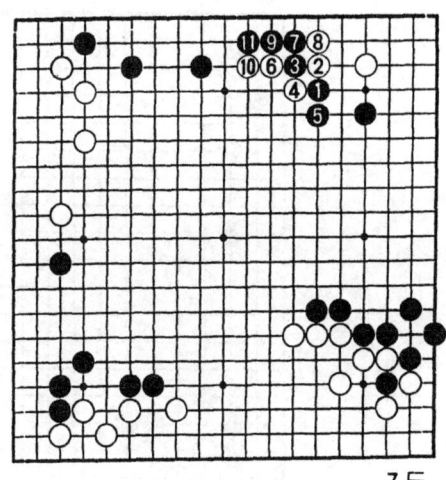

7 도

8도 백이 선택하는 형의 하나를 제시해 본다. 땅을 기는 듯한 형태이며, 부분적으로는 손실이 있고 이 국면도 손실이다. 흑15로 다시 밀어 의기가 대단하다. 흑의 정석 선택이 성공했기 때문이다.

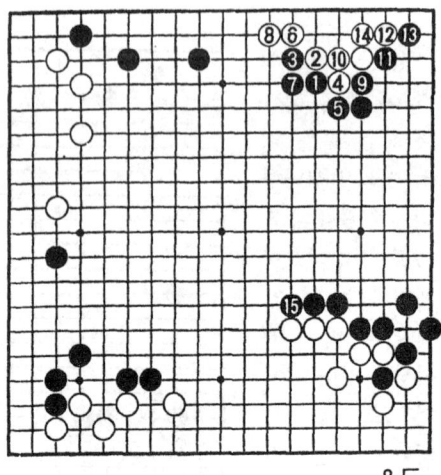

8 도

제15형 뛰어 들기를 유도한다

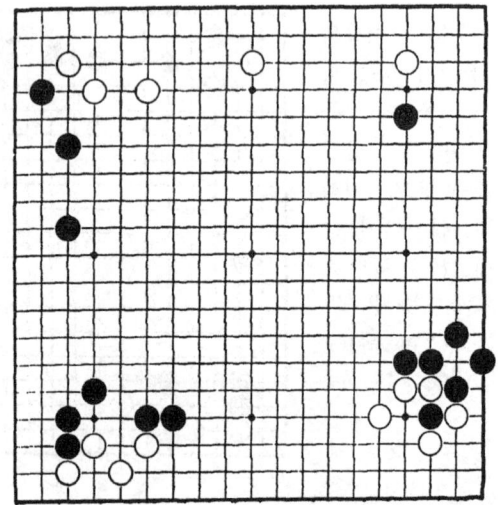

1도 흑의 걸
침은 이제 싸우
자는 의사 표시다.
밑에 있는 흑을
의식하면 백으로
서는 그다지 호전
적인 기분이 되지
않아 백 2로 내려
둔다. 흑 7이
라면 백 8, 10으
로 흑의 수확은
의외로 적다.

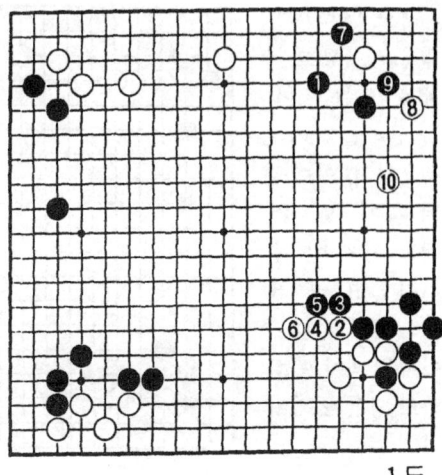

1 도

2도 흑 1의
바깥에 '붙이기'
정석이라면 5로
안쪽을 끊지 않으
면 안된다. 흑11
로 만든 두께는
대단한 것으로 이
거라면 흑은 둘
수 있다. 또 백10
은 필요하다. 흑
에서 ㉮로 간다
면 우변의 모양이
너무 커진다.

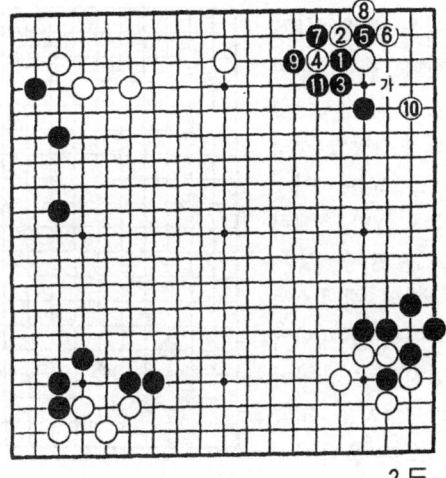

2 도

3도 앞의 그
림을 싫어하고 백
4로 '뻗는' 정석
을 선택할 것이다.
흑7까지 이어질
때 △이 있어서
백은 이제 한 수
걸지 않고 곧 8
로 쳐들어간다.
이것은 흑이 안심
하고 당한 2점이
다.

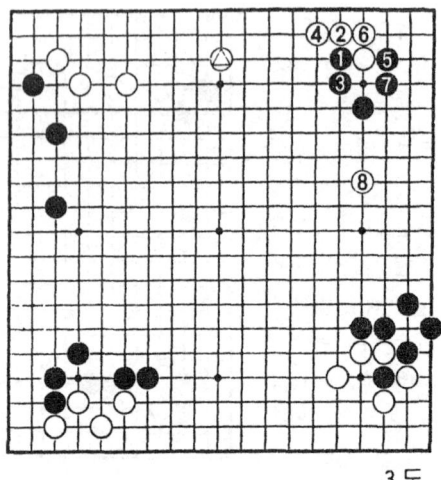

3도

4도 흑1의
안에 '붙이기' 정
석을 정해(正解)
한다. 흑의 수비
는 5의 2칸 정
도가 적당할 것이
다. 그러나 이것
으로 흑이 우세라
고는 할 수 없다.
국면의 밸런스는
의연히 붕괴되어
있지 않는 상황이
다. 그것을 적극
적으로 움직이게
하기 위해서는ㅡ.

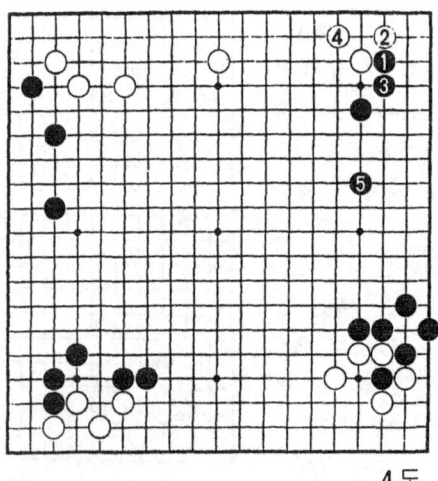

4도

5도 오른쪽 위를 생략하고 아래 쪽에서 흑1, 3으로 다시 세력을 증대시키는 책략도 있다. 백은 4로, 이쪽을 먹어들어 오려고 하겠지만 흑은 9, 흑은 ㉮로 백의 공격을 재촉하여 그 백을 공격하여 주도권을 잡으려고 한다.

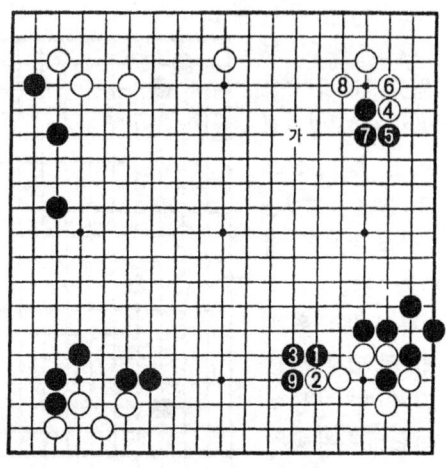

5 도

제16형 이상(理想)대로 되지 않는다

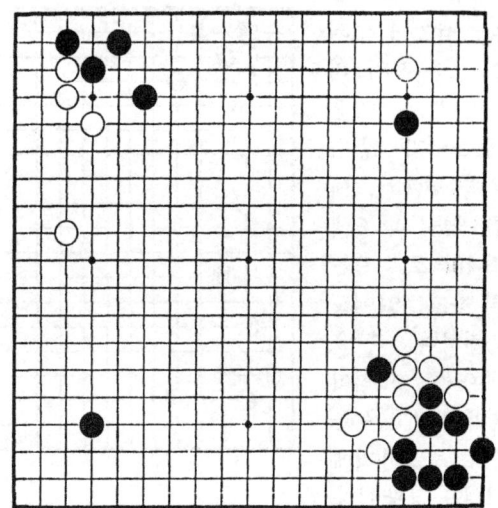

1도 앞의 형
을 모방하여 '손
빼기'를 생각해
보자. 흑1, 3으
로 친다. 그것은
그것으로서의 의
미를 가진다. 그
러나 오른쪽 위는
백4로 엄하게 협
공당하여 고통스
럽다. 표류여행은
좋아하지 않는다.

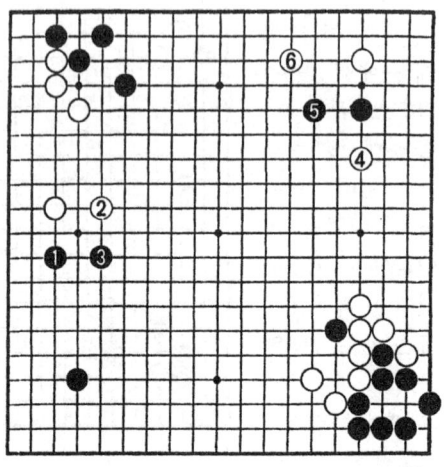

1도

2도 흑1의
'걸침'은 좋지 않
다. 백2, 4가 되
고 보면 흑의 외
세(外勢)는 작용
하고 있지 않다.
왼쪽 밑에서, 예
를 들면 백6에
서 10으로 느르는
척 하고 있어도
곤란하다. 흑㉮,
백㉯는 효력이
있으나 상변은 한
수로 포위하기에
어려운 상황이다.

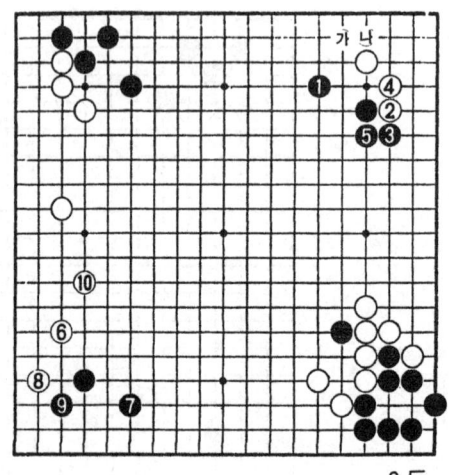

2도

3도 그렇다고 해서 흑3으로 튀어나가는 대형 정석도 흑에 있어서는 좋은 자료는 되지 않는다. 뿐만 아니라 이것은 흑에 있어서의 최악의 선택이 될른지도 모른다. 백과 흑이 얻는 것을 비교해 보자.

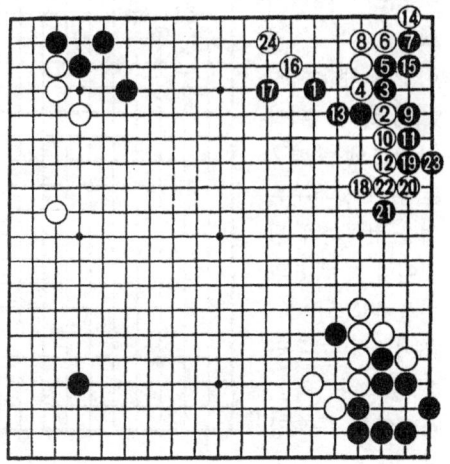

3 도

4도 흑에 있어서의 이상도 (理想図)가 이 그림이다. 흑5의 위치가 백의 세력을 소멸시킨 것을 알게 될 것이다.

왼쪽 위에도 흑, 백의 입장을 변경시키고 같은 정석형이 만들어져 있으나 흑5와 ⊘의 가치는 전혀 다르다.

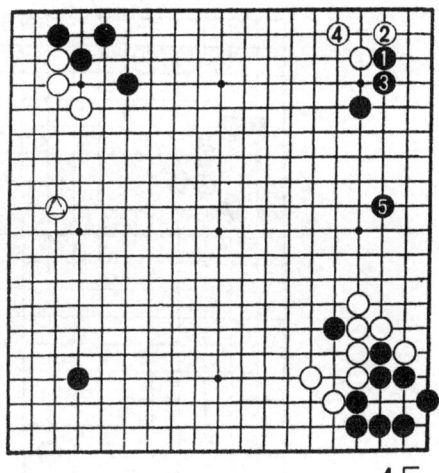

4 도

5 도 따라서 백으로서는 흑의 이상도(理想図)를 방해 하기 위하여 흑 1에는 백 2로 뒤에서 메우는 형을 선택하게 될 것이다. 백 6의 다음에 흑㉮나 ㉯가, 백은 우변을 쳤으나 흑은 상변에서 주도권을 잡는다. 이것이 결론이다.

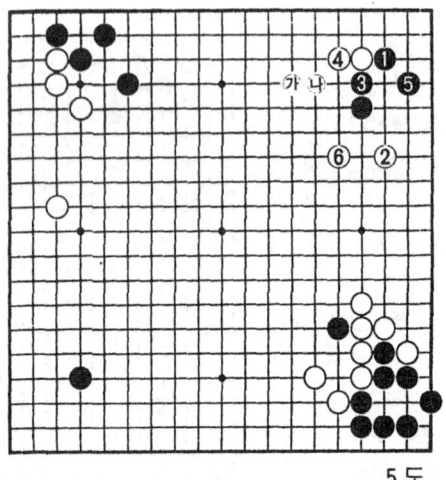

5 도

제17형 당당한 태도

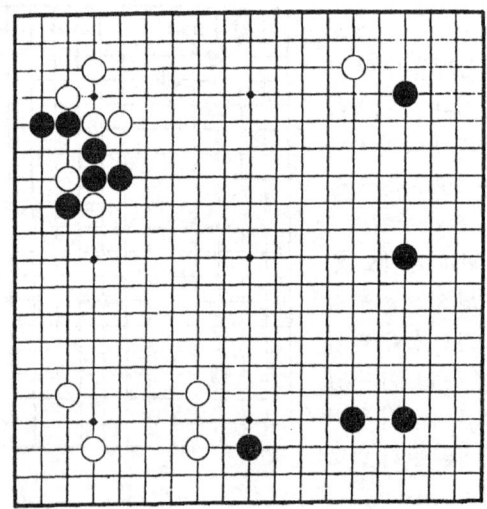

1도 흑 3연성(3連星)의 포석이다. 이것을 항상 머릿속에 두고 정석 선택을 하지 않으면 안된다. 흑 1, 3의 '붙여 뻗기'는 백을 고정시켜서 손해. 방향은 틀리지 않으나……

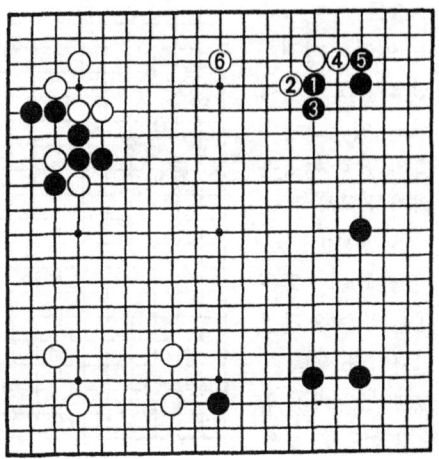

1 도

2도 흑 1, 3의 '붙여 누르기'는 대체로 좋지 않다. 백 6으로 위로 이어져 3연성(3連星)의 위력이 반감했다. 3연성의 성격을 정확히 알고 있는 것은 이 대국에서는 백쪽이다.

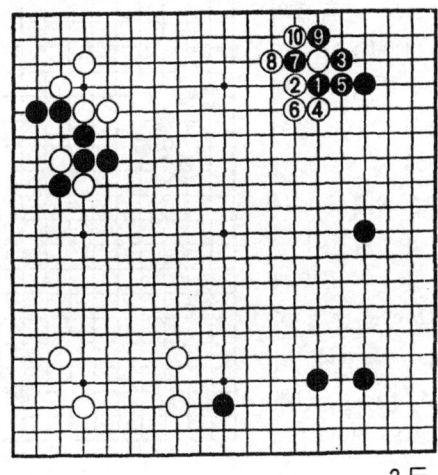

2 도

3 도   협공에
는 여러 가지가
있으나 그 가운데
서도 이 그림의
흑의 3칸 협공은
최저의 부류에 속
한다. 백10으로,
이러한 데 목을
내어 무슨 3연성
이냐이다. ●가
크게 느슨해졌다.
2칸 협공도 같은
것이다.

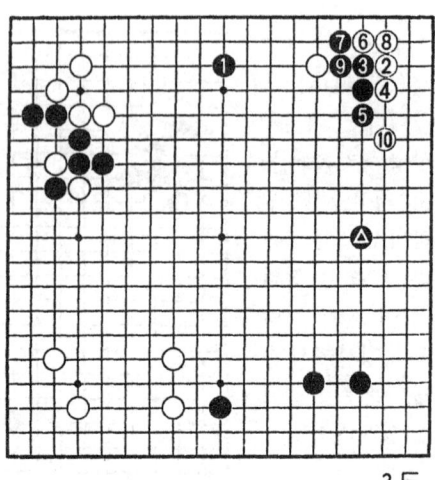

3 도

4 도   흑1의
1칸 협공이 그
하나의 선택. 백
2의 3·3 '들어
가기'에는 항상
흑3 쪽에서 '누
른다'. 이것이 중
요하다. 바꾸어
말한다면 흑3 쪽
에서 '누르게 되
는' 정석을 선택
하라는 것이다.

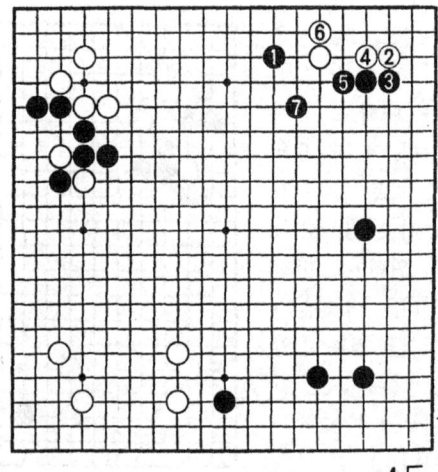

4 도

5도 흑1의 2칸 높은 협공도 유망하다. 백2의 3·3 들어가기에 는 꼭 흑3 쪽에 서 '누른다'. 그 후의 정석 순서에 대해서는 해설하 지 않으나 앞의 그림과 이 그림, 그 장단은 말할 수 없으므로 좋아 하는 문제라고만 해둔다.

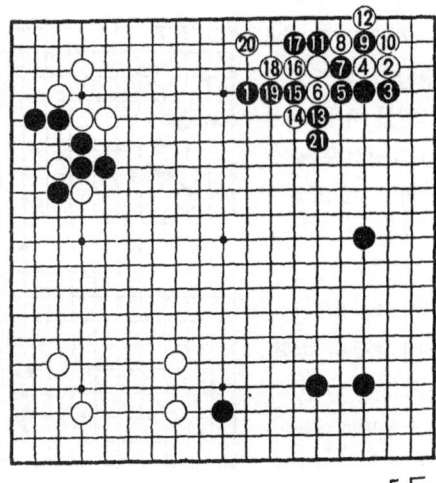

5 도

6도 협공없 이 받는다고 하면 흑1은 절대로 좋 지 않다. 흑1의 자세는, 자리를 만들려는 자세이 지만 3연성이라 고 하는 것은 자 리를 만들려고 하 는 대비는 아니 다. 싸움에 도움 이 되기 위해서, 말하자면 전장(戰 場) 만들기다.

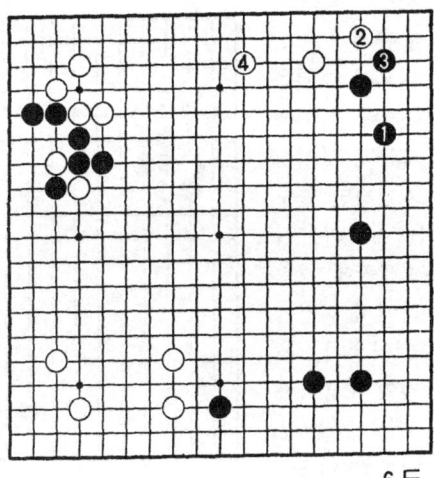

6 도

98

7도 흑1의
당당한 태도. 이
그림을 흑의 최선
의 그림으로서 추
천하고 싶다.
백2는 ㉮의
3·3 들어가기를
남긴 의미지만,
2에 불구하고 흑
3으로 넓힌다.
자, 우변에 들어
오려면 지금이다,
하고 있는 것이다.

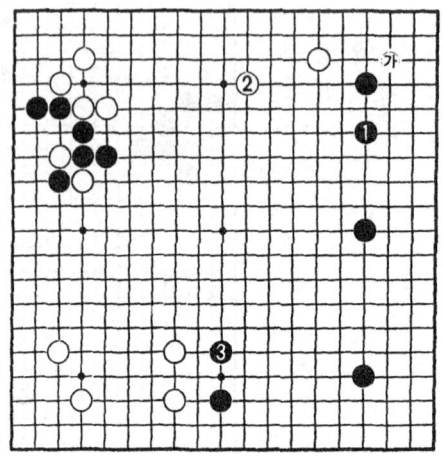

7도

8도 흑1의
일자, 근래에는 쓰
지 않으나 그것은
프로들의 비열에
서 오는 것이며,
쓰고 싶지만 쓸수
없는 것이다. 아
마는 생활에 영향
이 없어서 많이
쓰고 있으며, 쓰
는 것이 바람직하
다. 이 그림을 분
방파(奔放派)를
위한 정해로 한다.

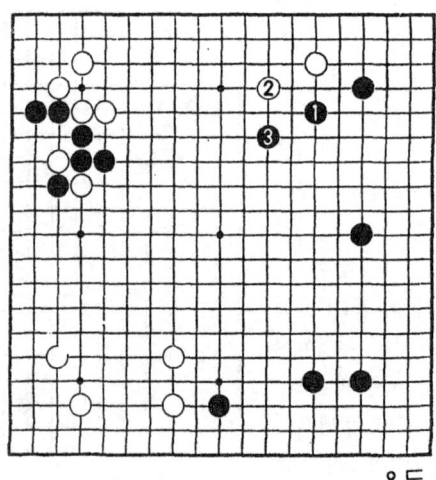

8도

제18형 양쪽 치기

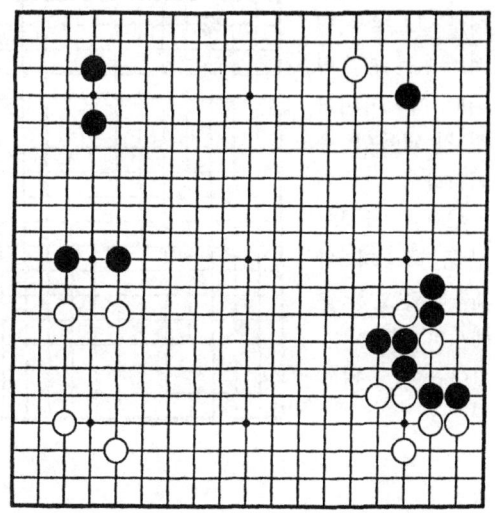

1도 흑1의 돌에서 백 4의 거리에까지. 흔히 있는 정석이다. 이것이 최악의 선택. 오른쪽 밑의 흑의 견고한 것을 조금도 이용하고 있지 않다. 견고하다고 하는 것은 다음의 큰 도약을 예약하고 있어야만이 의미가 있는 것이다.

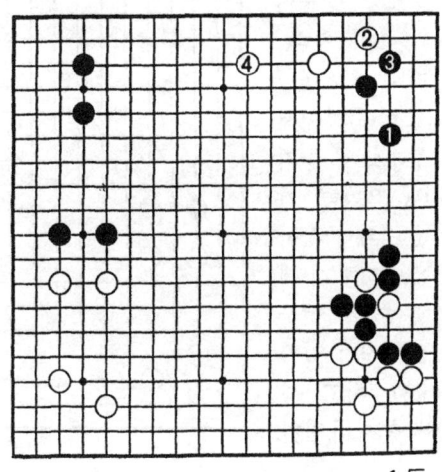

1도

2도 흑1의 비
마를 받으면 어떨
까. 백2, 흑3이
되면 이 대비는
한 길 넓어서 유
리하다.

이것도 최악의
선택. 흑1과 아
래쪽의 견고한 곳
에서의 거리가 가
깝다는 데 주의할
것.

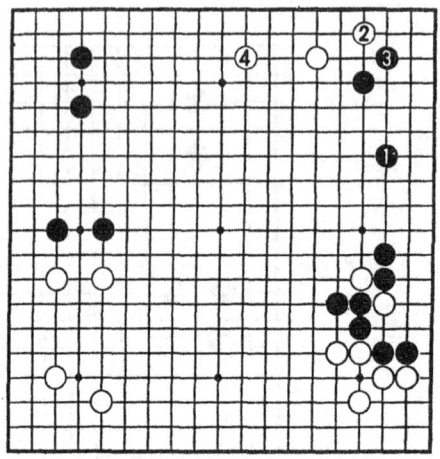

2도

3도 받을려
면 흑1이 좋다.
그러나 백2에서
4로 벌려 있어서
아무래도 썩 좋지
않다. 그만큼 가
까운 귀의 상황이
흑에 유리하기 때
문에 좀 더 연구
해볼 여지가 있지
않을까, 하고 생
각해 주기 바란다.

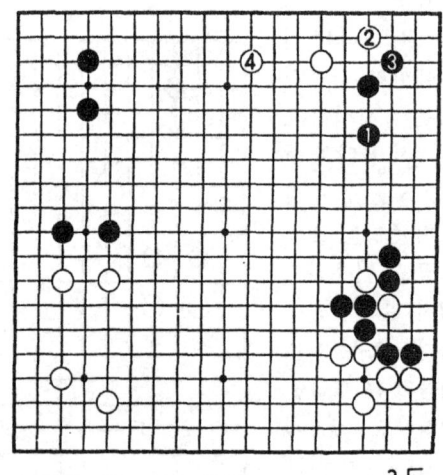

3도

4도 흑1, 3
의 '붙여 뻗기'
도 그다지 좋다고
할 수 없는 선택
이다. 과연 오른
쪽의 모양은 제법
이지만 백이 견고
하기 때문에 왼쪽
의 흑이 입체감을
잃었다. 백은 다
른 방법이 있어
서―.

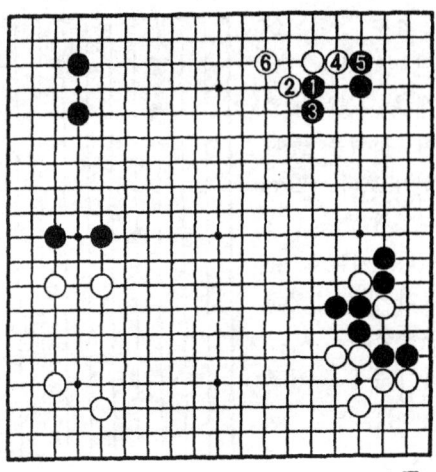

4 도

5도 백은 4
로 '붙이기'를 해
도 좋다. 흑5의
돌입은 오른쪽을
크게 의식한 수법
이다. 그러나 아
깝게도 흑11로 굽
어져서 백에게 12
로 신장(伸長)시
키는 것이 마음에
걸린다. 앞의 그
림과 같은 것이
된다.

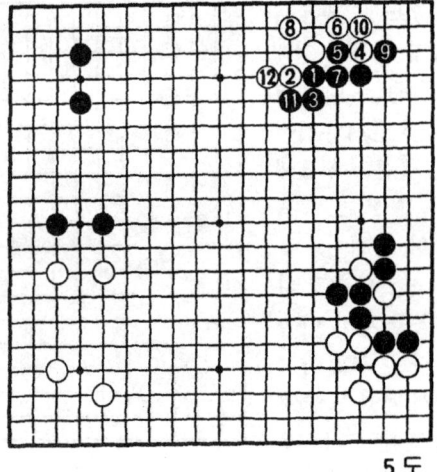

5 도

6도 확인하
기 위해서 첨가하
겠다. '붙여누르
기' 정석은 '붙여
뻗기'보다 훨씬
나쁘게 될 수도
있다. 백12로 훌
륭한 집을 상변에
구축한다. 백의
돌이 웃음을 머금
고 있는 듯이 보
인다.

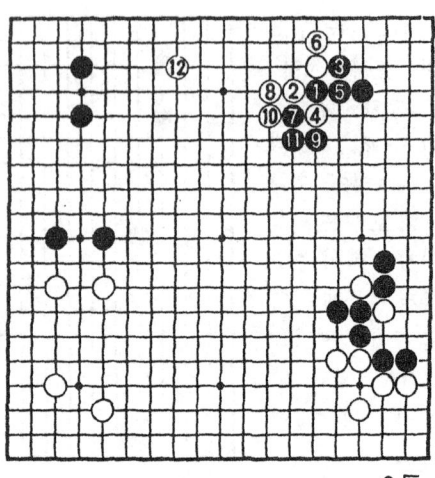

6도

7도 흑1의
1칸 협공이 정해
(正解). 백2의
3·3 들어가기에
는 물론 흑3에
서 '누르고' 흑
7의 돌까지. 흑
은 상변과 우변의
양쪽을 쳐서 만족
한다. 그렇다고
해서 백이 도중에
서 변화시키는 것
도 어려운 일이다.

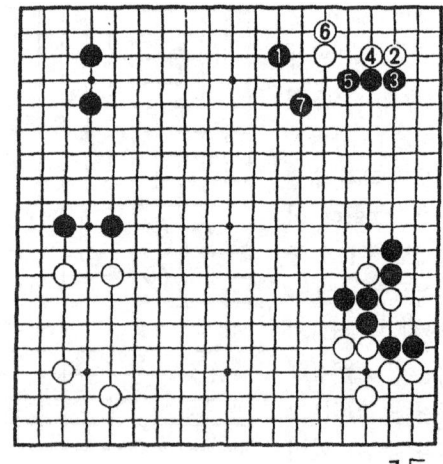

7도

8도 흑1의 3칸 높은 협공. 이번에는 백의 3·3 들어가기에 흑3 쪽에서 '누르는' 것이다. 그리고 11,13을 눌러 끊는다. 상변은 무서울 정도의 큰 모양이 되었다.

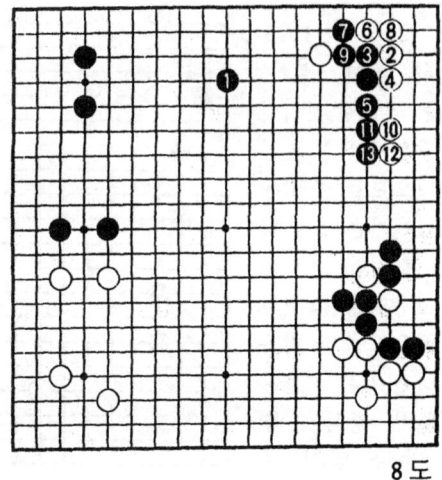

8도

제19형 지킬 것은 지킨다

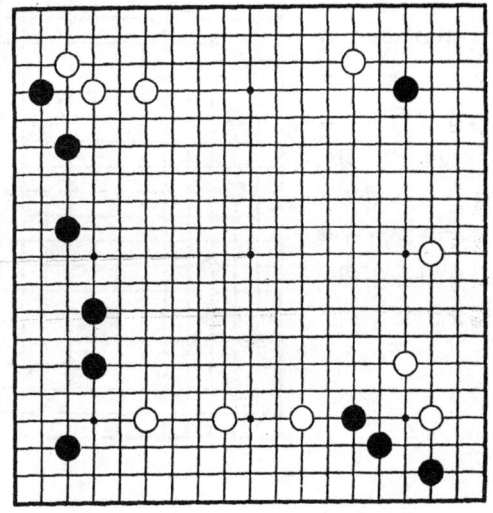

1도 흑 1, 3
의 '붙여 뻗기'
는 최악일 것이다.
주위에 백의 돌이
많으므로 수비에
들어가는 것은 당
연하지만 그렇다
고 해도 상변의
백을 굳게한 것은
너무했다. '붙여
뻗기' 정석이 좋
은 것은 앞의 포
석에서는 거의 없
다고 해도 좋다.

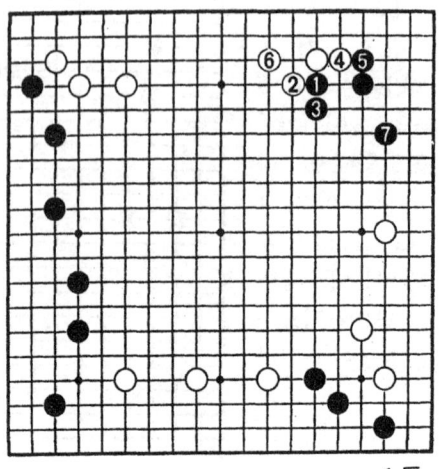

1 도

2도 흑 1, 3
의 '붙여 누르기'
도 좋지 않다. 백
6으로 내려가게
되면 흑㉠로 끊
지 않을 수 없어
백㉡로 상변에
좋은 모양을 구축
하게 되는 진행이
예상된다.

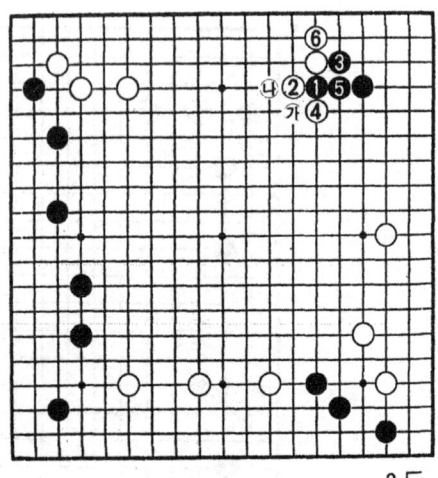

2 도

3도 혹1의
돌은 너무 거만스
럽게 보인다. 곧
백2로 3·3을
위협하고 흑 전체
가 공격을 받게
될 듯하다. 백12
에 보통이라면 흑
㉮로 좋지만 ◬
가 있는 현상에
서는 백13으로
끊어져 괴롭다.

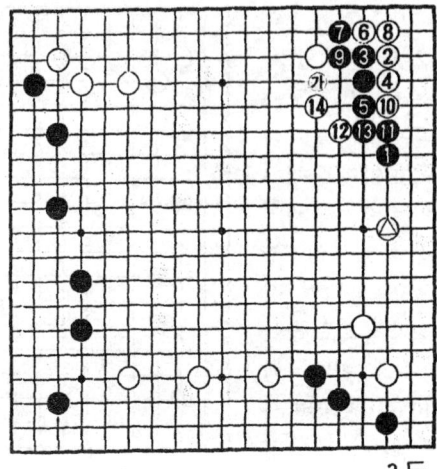

3 도

4도 흑1의
1칸 '뛰기'는
백2, 4의 기본
정석의 뒤,백㉮의
동향을 보이게 하
여 마음이 불안하
다. 더 한 수 넣
는 것도 그렇고
결국 혹1 허리
높이가 적당하지
못했다는 결론이
된다.

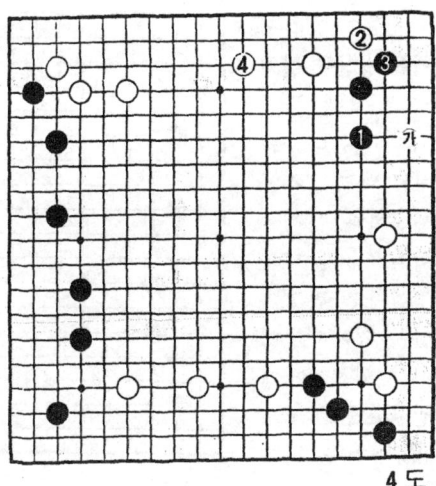

4 도

5도 흑1의 2칸 '높은 협공'은 백2의 '3·3 들어가기'를 기다리고 있던 술책이 있는 수. 술책이란 흑3 쪽이 '누르고' 흑11의 절호의 점으로 돌아가는 것이다. 백10도 아랫쪽의 저위(低位)와의 밸런스가 나빠서 이것은 흑의 이상도이다.

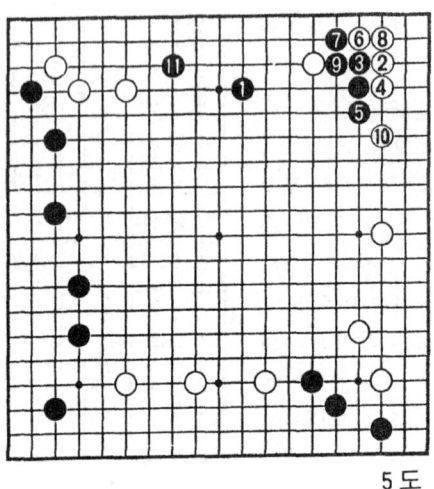

5 도

6도 따라서 백은 당연한 일처럼 3·3에 들어가지 않는다. 백2로 뛰고, 4로 협공한다. 이것은 이미 싸움이다. 정석이고 뭐고가 없는 것이다. 이러한 역전가에게 권하고 싶은 구도(構図)이다.

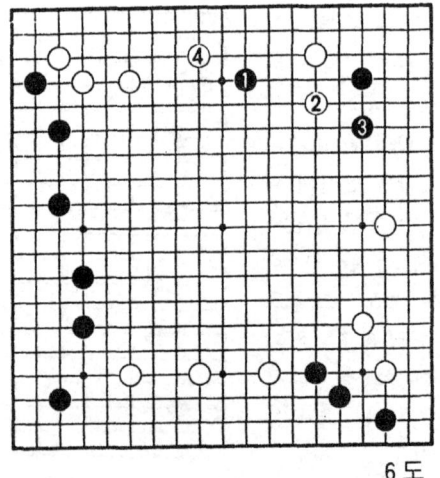

6 도

7 도   흑 1 이
최선의 선택. 가
만히 견디고 둔다.
이 귀는 그러한
장소이다. 백 4 까
지 이어지고 보면
흑은 세 귀를 가
지고 좌변(左辺)
의 자리도 상당
하여 당황할 일은
없다.

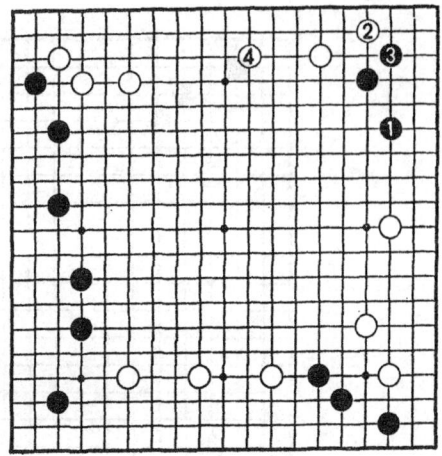

7 도

8 도   흑 1 의
돌 매듭에 재차
3·3 으로 들어오
는 것은 과연 무
리한 것이며 백은
10, 12 의 후수로
살아날 수 밖에
없다.   흑 13 으로
그대로 대비하면
흑의 승세가 된다.
백이 계속해서 상
변을 치면 ㉮ 정
도의 것이다.

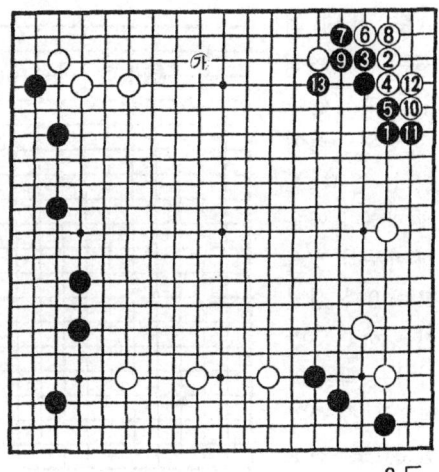

8 도

제20형 공세를 띤다

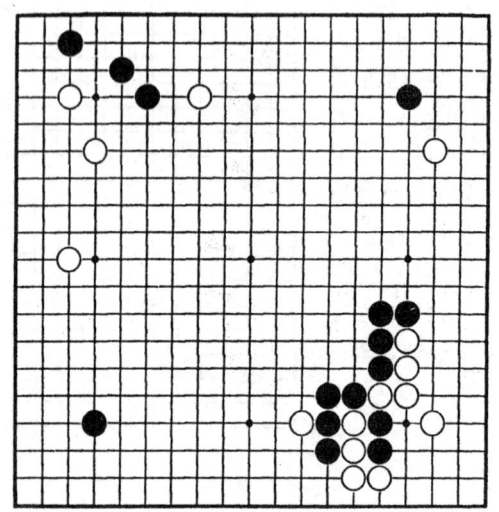

1도 예에 따라서 우선 최악의 그림을 제시한다. 흑 1, 3의 '붙여 뻗기'는 공격 목표에 걸렸던 백을 쉽게 마무리 짓게 하고 백 8과 상변까지 당하고 말 것이다. 백㉮의 효력으로 상변의 백진(陣)도 견고하게 되었다.

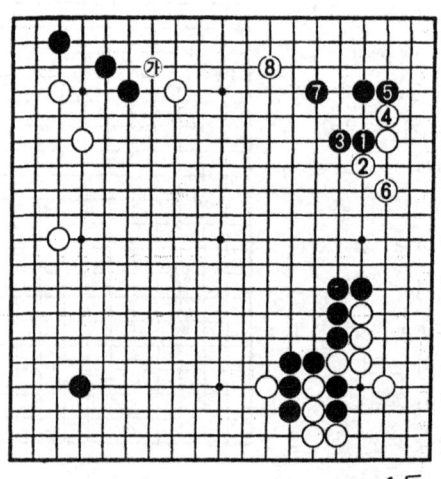

1 도

2도 '붙여 누
르기' 도 적당하지
못하다. 백10으로
위세 좋게 대비
했다. 이제 다시
흑㉠로 차내려는
생각도 나지 않고
그렇다고 해서 그
대로 두면 백㉡
의 '댐'이 휘어감
는다. 흑에 있어
서는 기분이 좋지
않다.

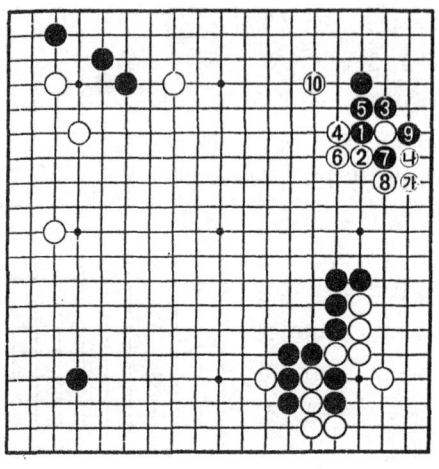

2 도

3도 흑 1, 또
는 ㉠의 협공이
어떨까. 백 2 의
3·3 들어가기는
필연. 흑 3 쪽에
서 '누르는' 것은
백10까지이며 흑
의 대비 모양은
좁다. 백㉡, 흑
㉢, 백㉣를 선수
로 효과를 보는
것도 고려해야 할
일이다.

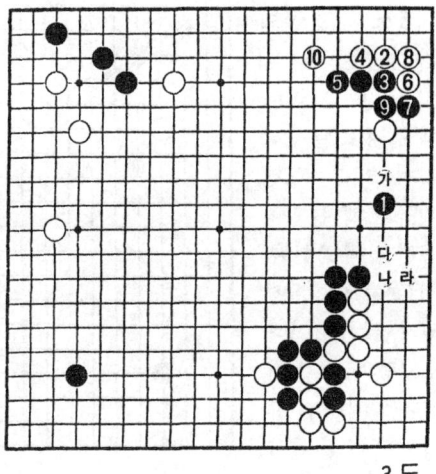

3 도

4 도 백 2의 '3·3 들어가기'에 흑 3 쪽에서 누르는 것도 산뜻하지 못하다. 흑 7로 대비해도 백 8 정도로 조심스럽게 뿌리를 내리게 되어 재미 없다. 요는 협공하는 수가 나쁜 것이다.

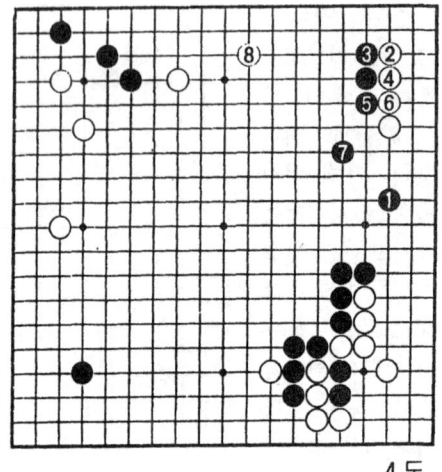

4 도

5 도 협공보다 단순한 흑 1쪽이 낫다. 그러나 백 2, 4로 마무리 짓게 되고 보면 왼쪽의 백 한점을 공격할 적절한 착점(着点)이 발견되지 않아 아래 모처럼의 흑의 세력도 희미해진다. 역시 흑의 불만이라고 할 수 있다.

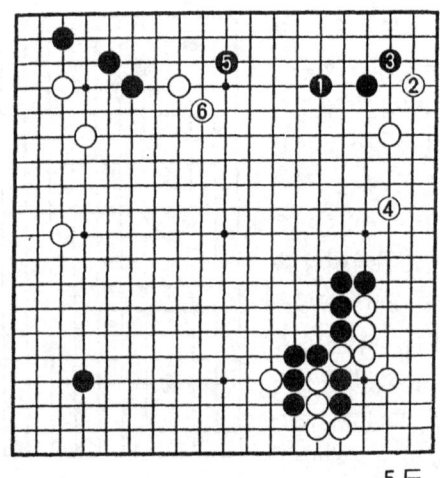

5 도

6도 흑 1에
대각으로 붙이고
3으로 뛰는 변화
의 정석을 이 국
면에서 최선의 것
으로 본다. 우변
의 백 세 점은 확
실히 마무리된 것
은 아니며 그 한
도내에서는 ㉮의
3·3같은 것은
겨누지 못한다.

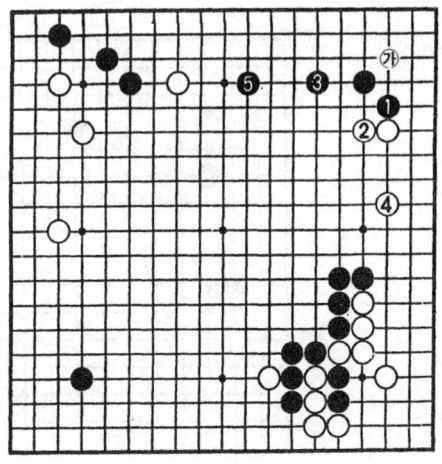

6 도

7도 앞의 그
림 백 4에서 이
그림의 백 1의 3
칸 벌림은 지나치
게 둔 것이다. 흑
2의 '뛰기'에 결
국 백 3으로 돌아
가게 되고, 밑의
백 자리가 제법
줄어들었다. 백 ㉮
의 공격이 허무하
다는 생각은 앞의
그림과 같다.

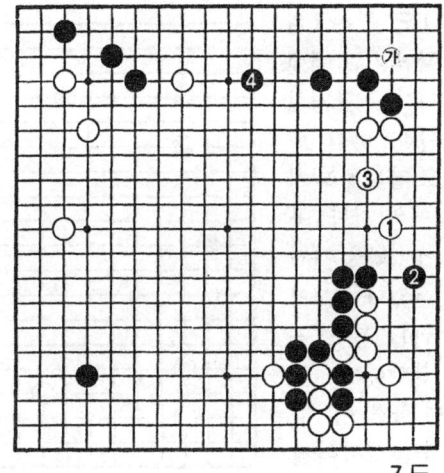

7 도

112

제21형   조심스러운 수법

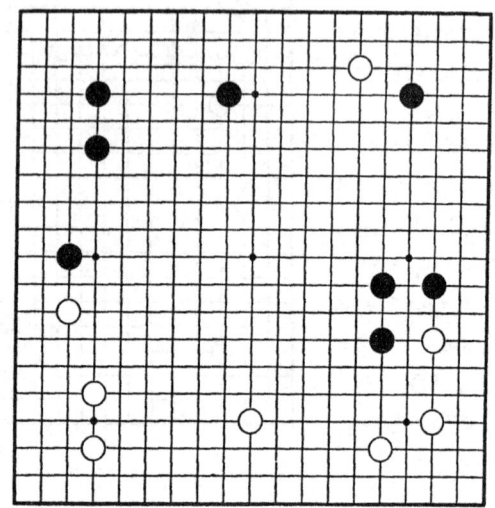

1도   흑 1의 1칸 받기는 백에 있어서는 환영할 일이다. 마침 백 4로 열리게 되어 이 흑의 강한 곳에 성(城)을 가지게 되었다. 백이 만족하는 데는 흑이 불만하는 곳이며 흑은 더 엄한 수를 생각하게 된다.

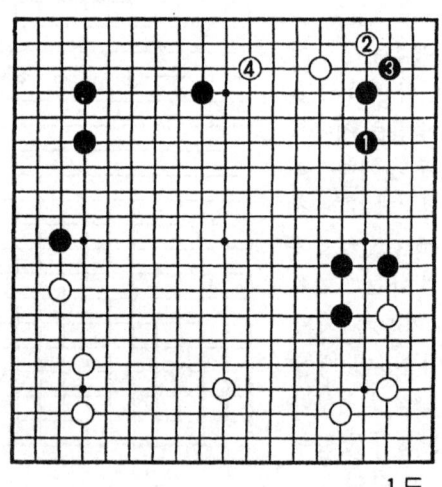

1도

2도 엄하게
라고 한다면 흑의
1칸 협공은 어떤
가. 소목(小目)과
는 달리 화점정석
(星定石)은 언제
나 '3·3 들어가
기'가 있어서 협
공이 엄한 수단이
라고 하지 못할
경우가 있다. 백
2의 3·3의 들
어가기에 흑3으
로 누른다면 흑으
로서는 최악의 그
림이 된다.

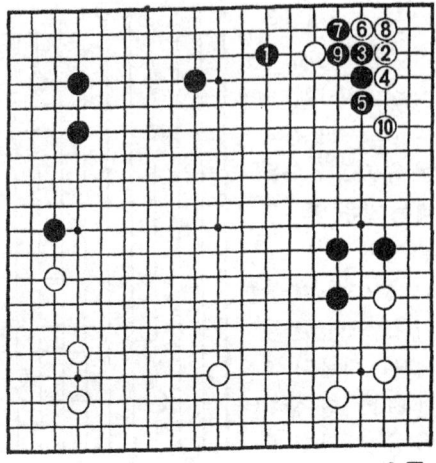

2 도

3도 백2의
'3·3 들어가기'
에는 이 2점 흑
3에서 '누르는'
쪽이 낫다. 우변
의 흑의 형태는
좋으나 상변의 ●
의 위치가 마음에
들지 않는다. ●
는 ㉮에 있는 쪽
이 좋다는 것이
명백하다.

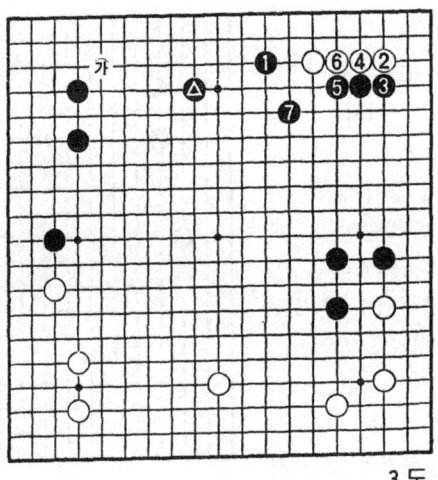

3 도

4도 흑1, 3
의 '붙여 뻗기'정
석은 좋지 않다.
백6으로 안정되
어 흑7로 후수를
빼는 것은 몇 수
를 먼저 놓고 두
는 초보자의 바둑
이다. 그런 바둑
에서는 자신의 쪽
만 견고하면 상대
가 견고해져도 괜
찮다는 의미도 있
으나 이런 데서는
그렇게 되지 않는
다.

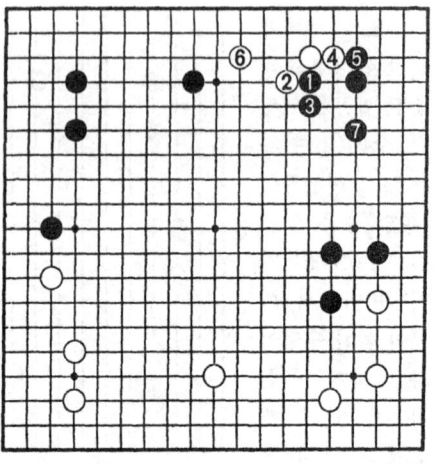

4 도

5도 앞의 형
에 이어서 이 형
에서도 흑1의 '대
각 붙이기'를 최
선의 선택으로 하
자. 백4라면 이
쪽에서도 흑5로
'마늘모 붙이기',
이 백이 주목되고
있는 한 백㉮의
공격같은 것은 생
각할 수 없다.

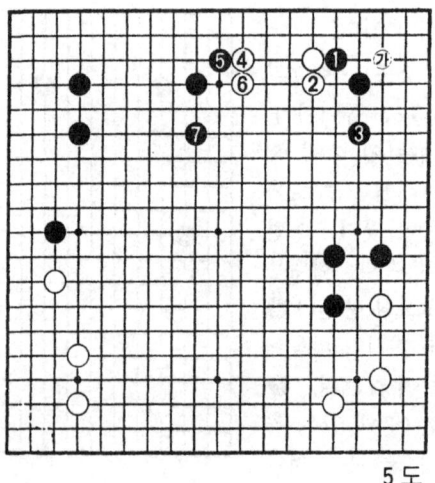

5 도

6도 앞의 그
림보다 더 조심
스러운 수법. 어
차피 앞의 그림에
서도 백의 3·3
공격이 없기 때문
에 어떻게 하든
백은 3·3으로
잠입해 올른지도
모른다. 그것을
흑1, 3으로 예방
하고 있는것이다.

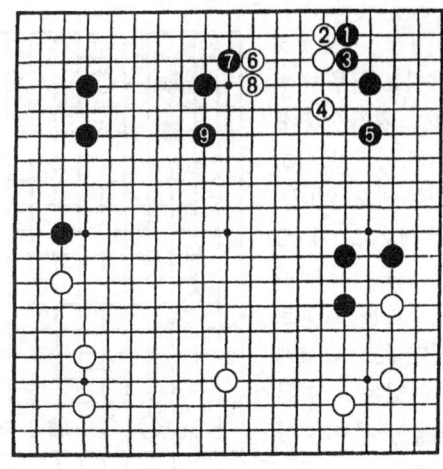

6 도

제22형   적을 굳게해도 좋은 경우

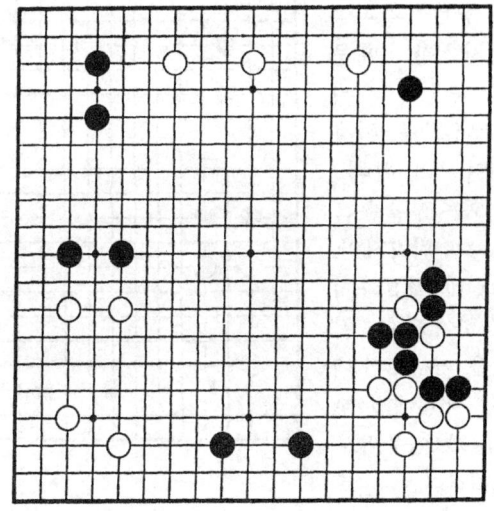

1도 흑1의
1칸은 너무 대범
한 느낌이 있다.
따로 목표로 삼고
있는 데도 없어,
곧 백2로 3·3
으로 들어갈 것이
다. 흑은 5, 7로
차단해도 귀엽게
뭉쳐있는 상변의
백을 공격하기 어
렵다.

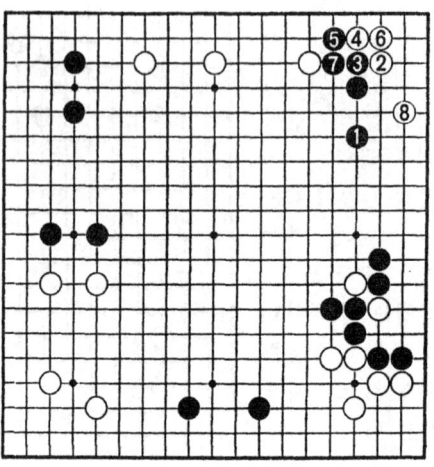

1도

2도 차단해
도 좋은 결과를
얻지 못했기 때문
에 흑5로 백의
'건너기'를 허용
하여 치게 된다.
선수는 흑의 손으
로 건너가지만,
그런데 백8까지
라 하여도 큰 이
득을 마무리한 대
상은 어디에서 찾
겠는가. 아무래도
희미하다.

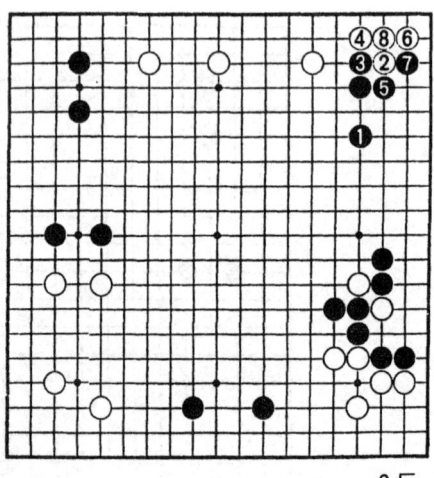

2도

3도 흑1의 모양은 가볍다. 상대가 너무나도 강해서 처음부터 이길 생각은 없고, 아무쪼록 살기만 하면 된다고 하는 인상을 준다. 백은 **2, 4**로 위세 당당.

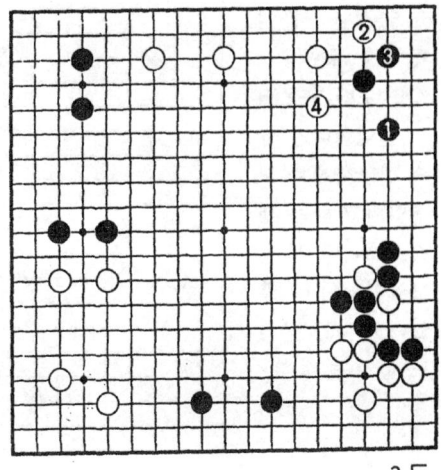

3 도

4도 흑1은 아랫쪽의 견고한 흑과 너무 붙어 있다는 하나의 사실 만으로도 악수 (惡手). 백은 곧 3·3으로 들어와서 흑의 외세의 움직임을 강조할 것을 저지할 것이다. 앞의 그림과 함께 흑 최악의 선택이다.

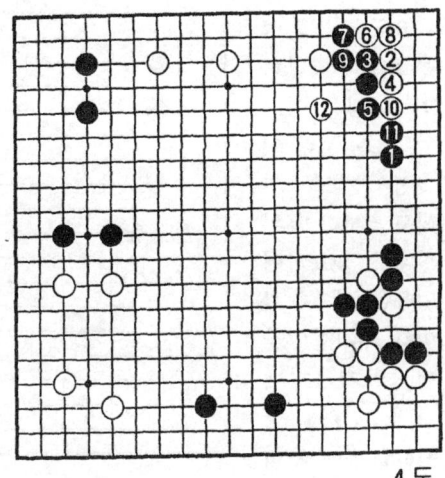

4 도

5 도 '붙여
뻗기'는 글쎄⋯
상변의 백의 공격
을 단념한다면 좀
더 견고하게 해도
좋았다고 하는 생
각. 그러나 백의
모양이 너무나 좋
았다고 하는 난점
도 없지는 않다.

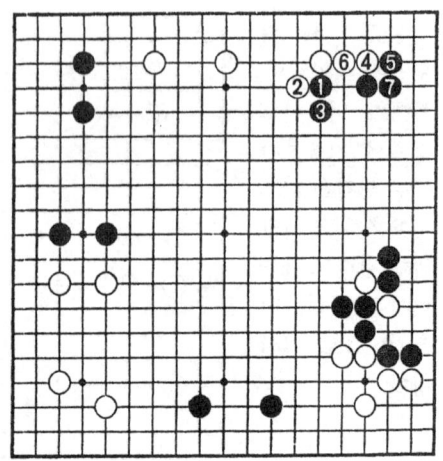

5 도

6 도 '붙여
누르기'에 착안하
면 100점 만점.
앞의 그림보다 이
그림 쪽이 흑 자
리도 크고 백의
형태가 응고되어
있음을 알 수가
있다. 이처럼 '붙
여 누르기'는 백
을 응고시켜도 상
관없을 때에 흔히
사용된다.

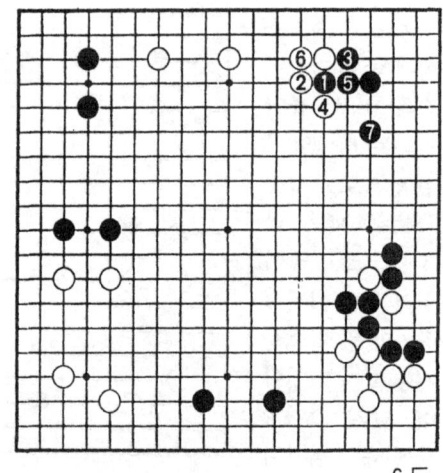

6 도

7도 흑1, 3
의 '붙이고끊기'
는 더 백의 형태
를 집중시켜 보자
는 시도가 있는데
결과는 어떤가.
백14까지 확실히
백의 형태는 집중
되었으나 도중에
백8이 효력을 내
게 한 것이 기분
이 좋지 않아 흑
자리에 왜 그런지
그 맛이 남는다.

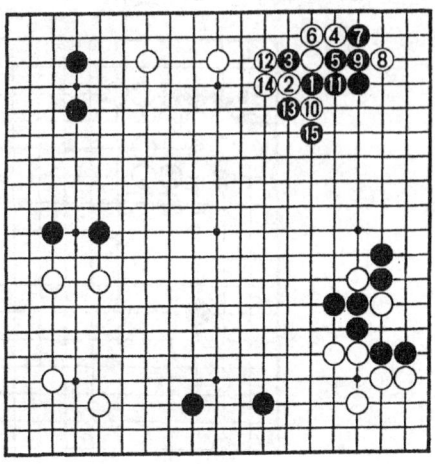

7도

8도 백은 흔
히 4에 맞대어
귀로 밀고 갈른지
도 모른다. 흑 자
리도 상당한 것이
지만 한편 백 자
리도 폭이 크게
증가했다. 이 그
림이라면 5분에
서 결말이 날 것
이다.

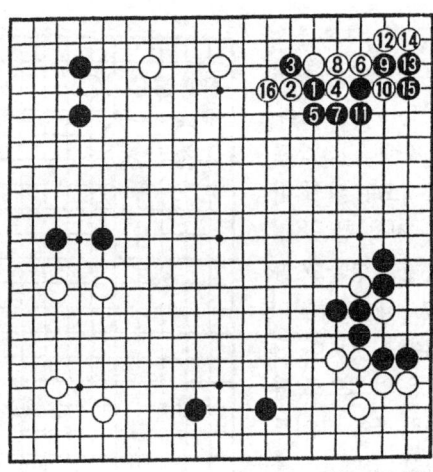

8도

제23형 평범한 최선형

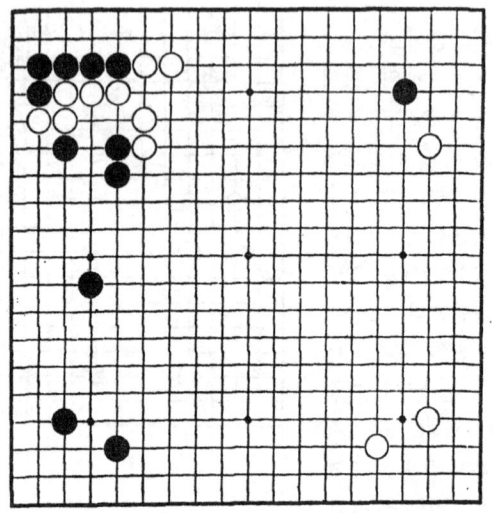

1도 흑 1의 벌린 모양은 재미있는 착상이다. 백 2에 3·3으로 들어오면 왼쪽 위와 전혀 같은 정석형을 만들고 흑 17. 좌우 대칭이지만 이것보다 큰 점은 없으므로 확실히 흑이 리이드하고 있다고 볼수가 있다.

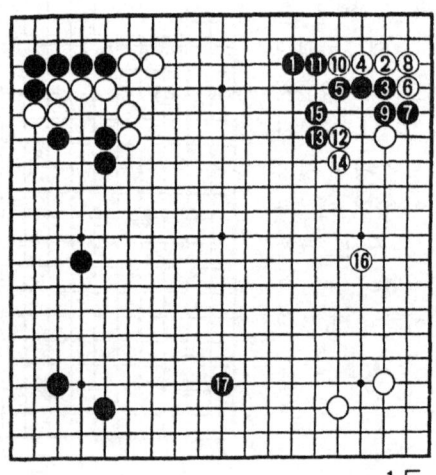

1도

121

2도　따라서
백은 흑의 의도가
빗나가도록 백 2
로 전개하고 흑 3
의 매듭에 백 4 로
큰 자리를 점유하
는 연구를 하게될
것이다.　그래도
흑은 둘 수는 있
으나 역시 백이
발이 빠르다.　차
선(次善)의 선택
이라고 할 수 있
다.

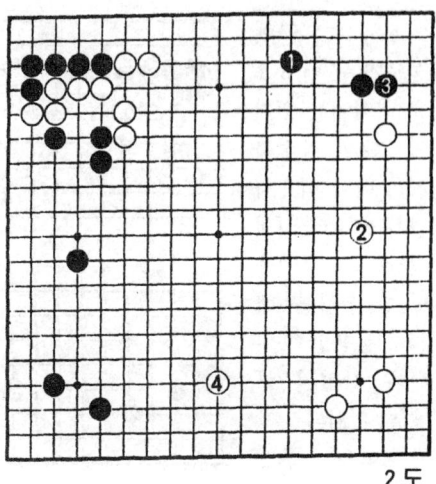

2 도

3도　흑 1의
1칸 '뛰기'라면
흑 3으로 돌아갈
수가 있다.　그러
나 백 4가 흑의
급소에 다가와 있
고 상변의 거리
관계를 보아 재미
가 없어 보인다.
흑은 왼쪽 밑의
경영만은 1국을
잘 처리할 수 없
을 것이다.

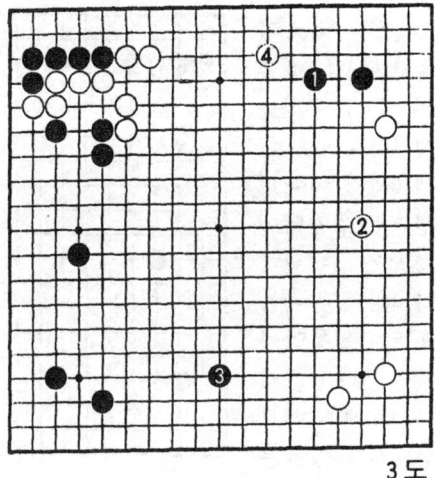

3 도

4도 '붙여
누르기'는 백 6으
로 내려가는 수가
이러할 때 적절하
며 우변의 백 자
리가 크게 확정될
것같다. 흑13은
이 한 수지만 백
14가 훌륭한 수가
된다. 상변의 백
㉮돌이 귀의 흑
에 효력을 주고
있어 공격하기 어
려운 상황이다.

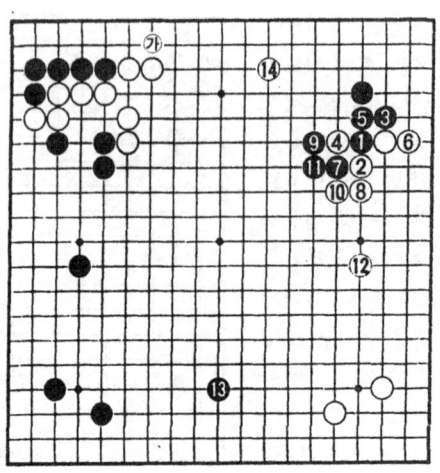

4 도

5도 흑 1의
1칸 협공은 백 2
의 3·3 공격을
예상하고 있다.
백10까지 이어지
면 흑은 우변의 경
영으로 전환한다.
백14의 중점에는
흑15가 빈틈없이
앉게 된다. 그러
나 그렇게 도매로
넘어가지는 않는
다.

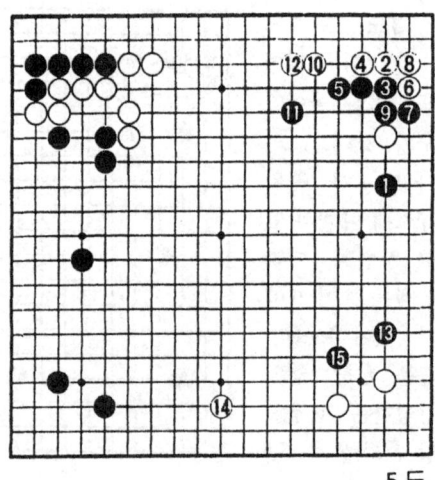

5 도

6도　정석이
깨어지면서　백은
2로 뛴다.　흑3
은　어쩔 수 없이,
백은 4로 반대로
협공하여 싸우게
될 것이다. 오른쪽
밑의 귀의 매듭을
교묘하게 이용한
수법으로 흑에게
는⑦에　돌아갈
여유가 없다.

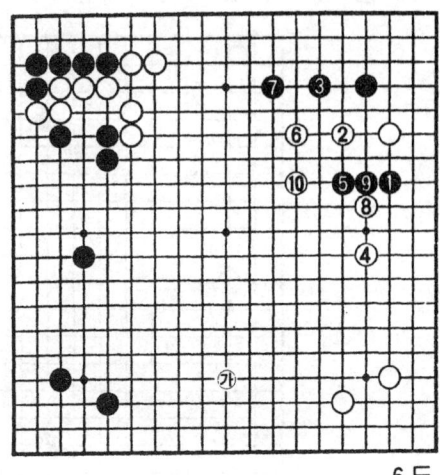

6도

7도　평범하
면서 흑1의 상태
를 받는 것을 이
형의 흑에 있어서
의 최선형으로 한
다. 상변의 백에
서의 '채우기'에
는 마음을 쓰지
않고(백⑦에는
흑⑭),흑5로절
호의 점에　돌게
되면 순조로운 포
석이 될 것이다.

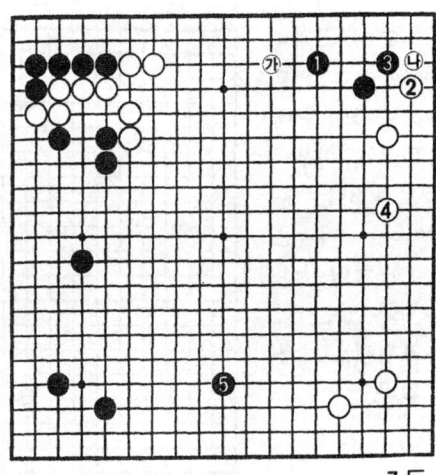

7도

제24형   뒤가 빈 것을 조심

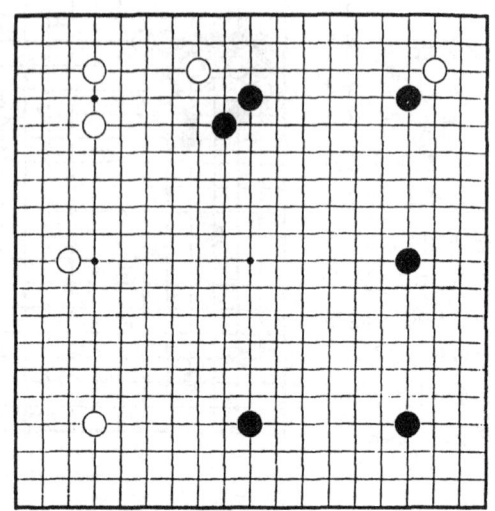

1 도   백에게 갑자기 3·3으로 공격을 받았을 때, 혹은 어디서부터 '누르냐' 하는 문제이다.   이것은 실패한 그림이다. 백㉮가 있는 쪽을 포위해도 소용이 없다.

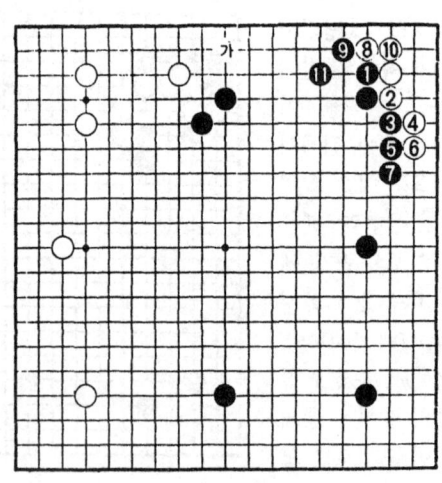

1 도

2도　흑 1의 '누르기'가 정확하다. 흑11로 대비하면 오른쪽의 흑 진(陣)의 형태는 변명할 여지가 없다.

더 한수 걸게 되면 흑㉮, 거기에 앞서서 백㉮라면 흑㉯로 두기가 수월해질 것이다.

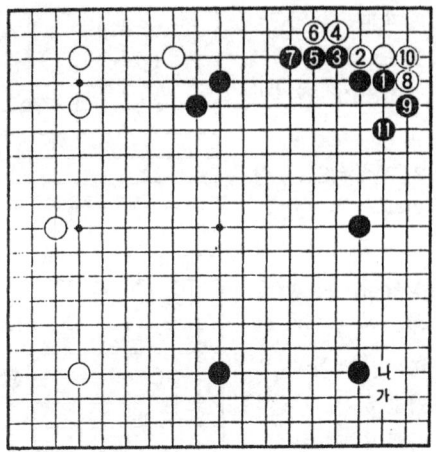

2 도

3도　앞의 그림 흑 3으로 이상하게 자리에 구애되어 이 그림 흑 3으로 뛰는 것은, 앞의 그림만큼 커지는 형태로 만들 수 없다. 중앙의 형태가 미숙하고 귀의 약간의 이득 같은 것은 소멸되고 만다.

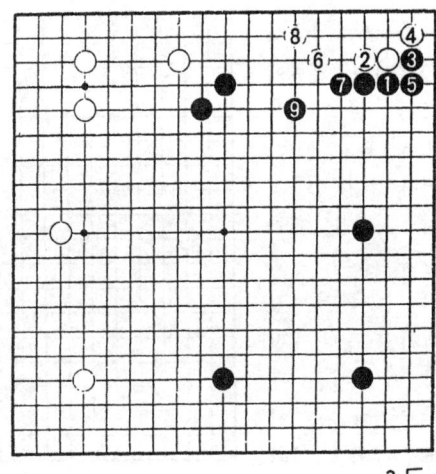

3 도

4도 그림 2
의 뒤. 백㋑로는
들어가기 어려워
1의 '걸침할' 것
이 예상되어, 거
기에는 흑 2로 대
각에 붙여서 4가
상형(常形). 백 5
에는 흑 6으로 간
다. 이 백을 잡으
려고 하는 것이
아니라 공격하는
것이다.

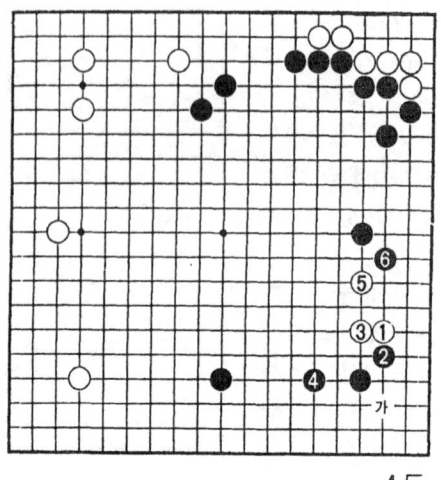

4 도

5도 백 1로
이쪽에서 시작해
온다면 흑 2가 재
미 있다. 어디까
지나 백의 3·3
의 침입을 재촉
한다. 흑의 골짜
기는 더욱 더 깊
어지고 장대해진
다. 백㋑에는 흑
㋘로, 아마도 이
백의 생환은 기대
할 수 없을 것이다.

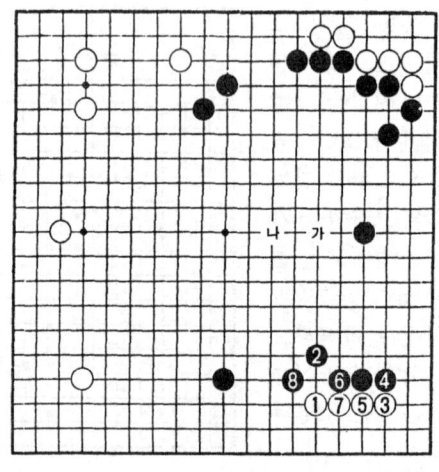

5 도

제25형   미끄러지고 싶은 쪽의 반대쪽으로

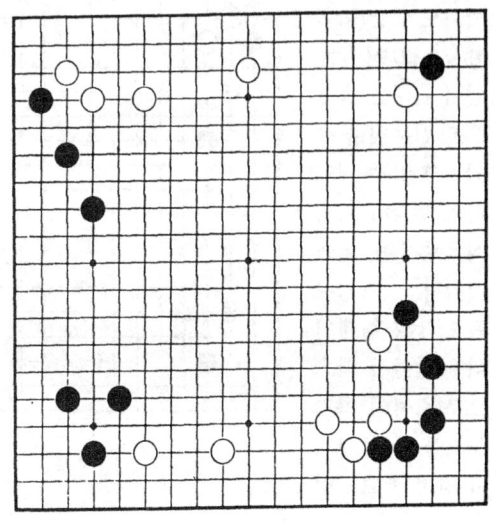

1도   3·3에 '어깨 누르기'를 당하면 흑은 어느 쪽으로 기어야 하는가가 문제. 흑은 미끄러지고 싶은 쪽의 반대쪽으로 기어야 하는 것이 대원칙. 이 형으로 말하면 상변이 백의 세력권에 있기 때문에 흑 1에서 3이 정해가 되는 것이다.

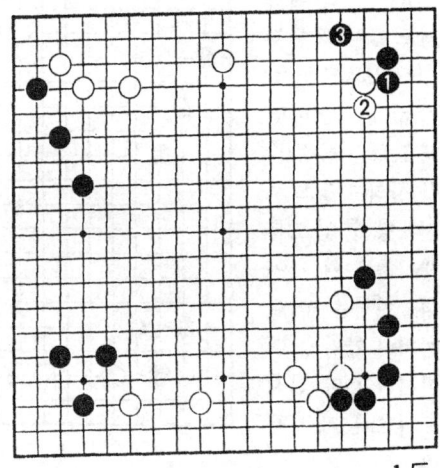

1 도

2도 흑1로
기어도 백2에 흑
㉮로 미끄러지는
것이 아니고 흑3
으로 뛰는것을 생
각하고 있는 것이
라면 생각하는 방
식으로서는 옳은
것이다. 그러나
흑1,3의 형태가
너무 얇아서 백으
로부터 여러 가지
공격을 당할 여지
를 남겨 놓고 있
다.

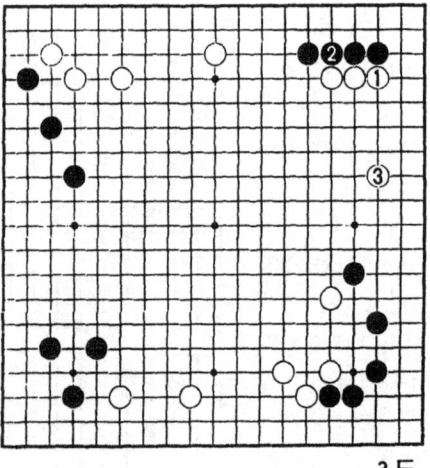

2도

3도 그러나
백도 돌이 고립될
수도 있으므로 알
기 쉽게 둔다면
백1로 '누르기'
를 살리고 3으로
전개할 수 있도록
생각하게 될 것이
다. 원칙은 어디
까지나 앞의 그림
이지만 흑의 임시
조치로서 제시했
다.

3도

4 도   흑 1 에 백 2 로 뛰는 정석 도 있다. 이 정석 에서도 백 6 의 뒤, 흑은 ㉮ 가 아니 고 7 로 '뛰기' 를 선택하는 것이다. 만일 잘못하여 흑 ㉮ 로 '뛰기' 를 했더라면 백 7 이 호점(好点)이 된 다. 잊지 않도록 다시 한 번.

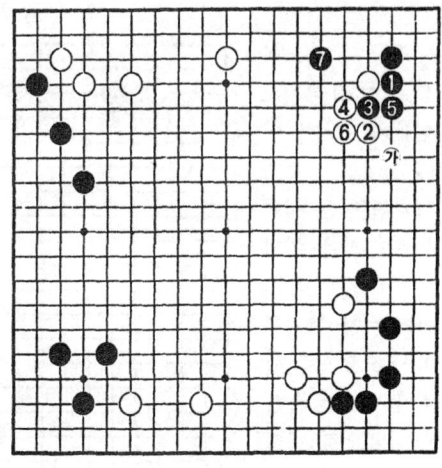

4 도

제26형   누르고 싶은 쪽의 반대에

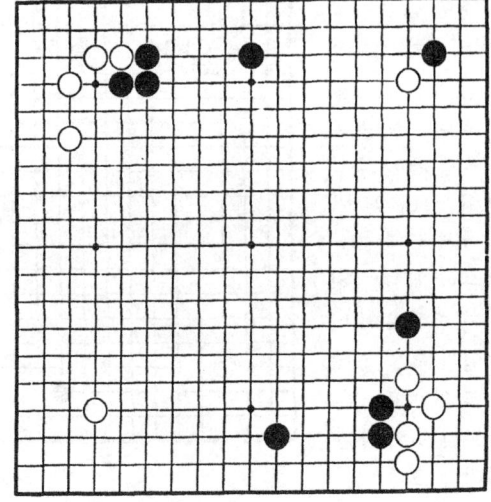

1도 어느쪽으로 미끄러지고 싶은가, 알기 어려운 국면. 여기서의 원칙은 적이 누르고 싶은 쪽과는 반대쪽으로 기어라는 것이다. 흑 1, 3으로서는 백 4가 누르고 흑 5에 백 6으로 편한 형태가 만들어진다. 실패.

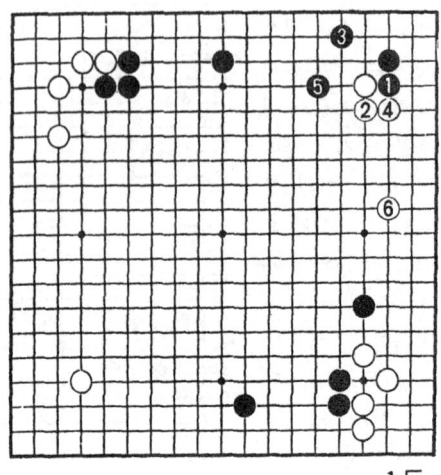

1 도

2도 흑 1의 '뻗어가기'가 정해(正解). 흑 3에 백 4로는 누르기 어려울 것이다. 다음의 '벌려 두기'의 가치가 적기 때문이다. 또 한 가지 말한다면 이 그림의 흑 3, 5쪽이 앞의 그림 3, 5보다 포위하는 자리가 크다.

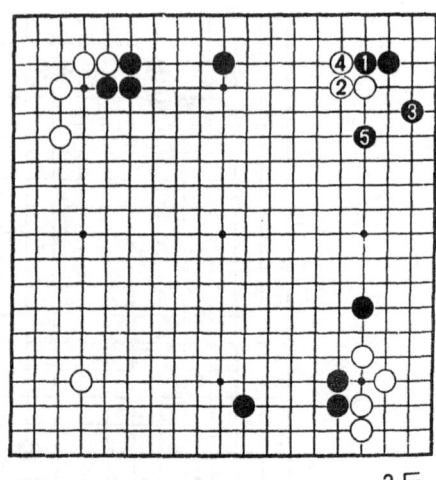

2 도

3 도 백은 흑
1, 3에 ㉮를 누
르지 않고 4로
뛰어올 것이다.
계속해서 흑㉯로
미끄러지는 것은
정석에의 맹신(盲
信)이며 좋지 않
다. 이 부분을 두
려면 흑 5 로 백
세 점을 크게 공
격하는 요령이다.

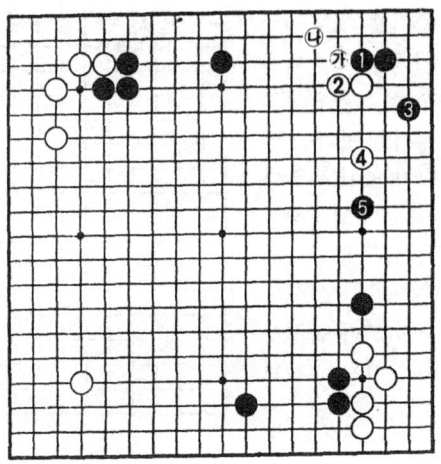

3 도

4 도 흑 1에
백 2로 뛰어온 경
우에는 백 6의 뒤
흑 7이다. 이 경
우에도 백㉮를
두려워할 이유가
전혀 없다. 역행
하여 ⊛의 어깨
'누르기'로는 ㉯,
흑 2에 ㉰의 정
석형을 선택해야
할른지도 모른다.

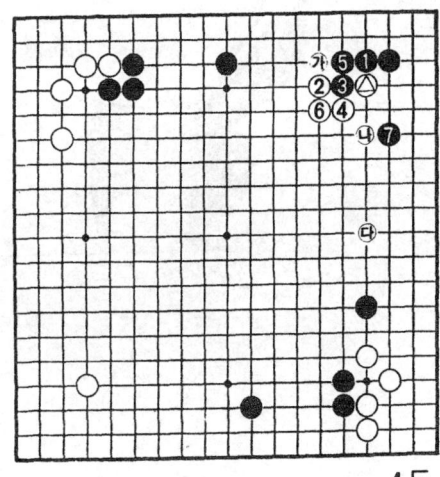

4 도

5 도 백의 누르기를 악화시키기 위해서 다시 한 번 흑 3 으로 정석을 벗기는 연구가 있어도 좋다. 백 ㉮ 는 어색하다. 그러나 세 번 뻗은 백은 정석의 두 번보다 탄력성이 있다는 것에 주의.

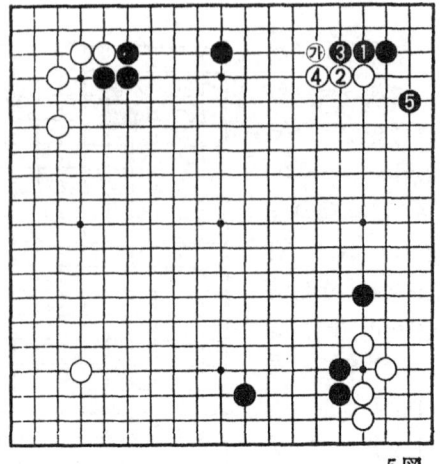

5 図

제3장

프로의 서반(序盤)

서반(序盤)의 즐거움

최근에 와서는 큰 대국장(對局場)에 손님들이 들어가게 하여 프로끼리 숨막히는 대결을 하는 장면을 보도록하는 기회가 많아졌다. 좋은 일이라고 생각된다. 그런데 너무 절박한 국면에서는 대국자의 정신이 흩어진다고 해서 대체로 첫날의 오전 뿐이라는 것이 상례로 되었다. 즉, 서반전만 견학하게 되는 것이다. 그러자 운이 나쁜 사람이 있어서 한 시간 동안이나 보고 있었으나 대국자는 담배만 피우고 있을 뿐 한 수도 두지 않았다고 불평을 하기도 한다. 대체 무엇을 생각하고 있는가. 아무 것도 아닌 바둑판을 들여다보고 귀중한 시간만 낭비하고……

그러나 프로 기사들 중에는 서반이 제일 재미가 있다고 하는 사람들이 있다. 왜냐고 하면 자신이 좋아하고 있는 구상을 얼마든지 연구할 수 있는 것이다.

나는 그런 서반에서, 묘책을 생각하는 쪽은 아니라고 생각되나 그런대로 생각해 본 일은 있다. 이쪽의 좋아하는 수하고 저쪽이 좋아하는 수가 엇갈릴 때 오래 동안 생각해 볼 때도 있었다.

졸국(拙局)을 몇 가지 선정하여 나의 사고내용(思考內容)을 될 수 있는대로 쉽게 이해할 수 있도록 전하고자 한다. 나의 결론이 최선의 것이라고 하는 것은 아니라 해도 거기에 도달하게 된 과정은 여러분에게 참고가 되리라고 생각된다.

제 1 형 두터운 형(形)

혹11의 '걸
침'에 백12로
모양이 특수하
게 받았으나
그런대로의 이
유가 있었다.

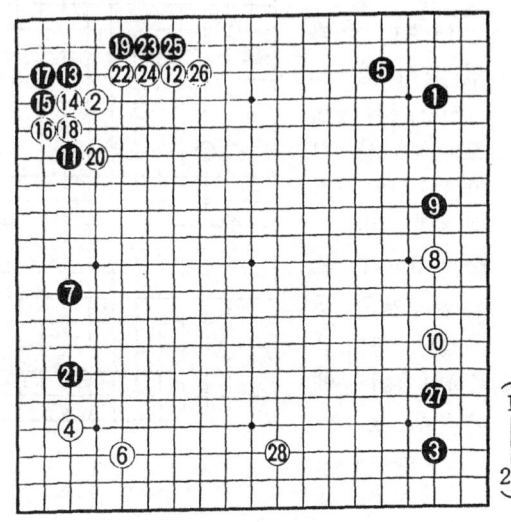

1 도 보통 백
1의 1칸 '받음'
에 혹 2, 4 의 대
비가 좋은 형이다.
그래서 혹이 우세
하다고는 할 수
없으나 백의 4로
서는 혹이 생각하
는대로 두지 못하
도록 하는 마음이
있었다.

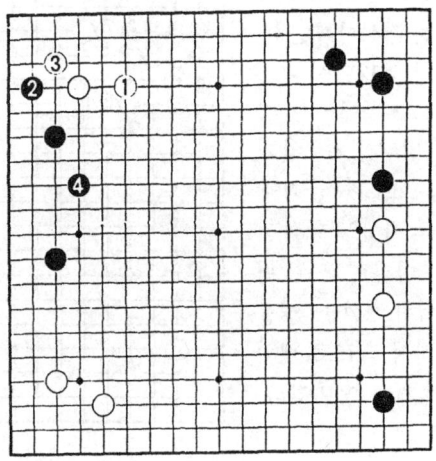

1 도

2도 수를 받
는데 흑1, 3이라
면 흑의 형태도
좋지만 백의 형태
도 만족 이상이다.
오른쪽 위의 구석
의 흑의 마무리의
🔴가 낮아서 ⊖
가 높은 것은 좋
지 않다. 백이 만
족하면 흑이 불만,
이런 것으로 3·
3으로 들어왔다.
그러나 실전의 흑
15로 3도 흑1은
흔히 교과서에 있
는 정석이지만 이
하 백12까지 되고
보면 백에서 ㉮의
'벌리기'가 엄하
다. ㉯의 공격에
도 걱정이 된다.

따라서 흑은 변
형의 정석을 염출
하여 흑19로 백의
출격을 엿보았다.

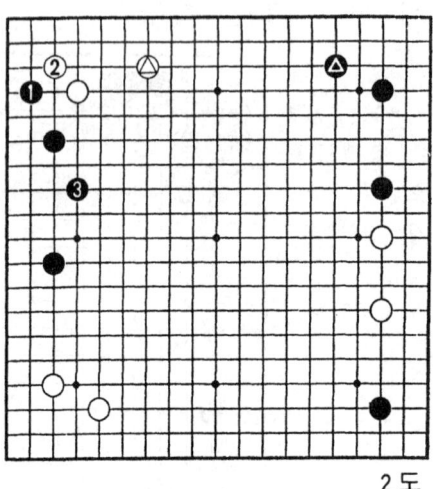

2 도

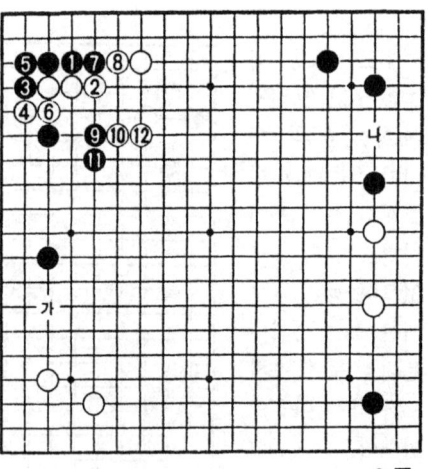

3 도

4도 백1이 조용하지만 이것은 아마도 흑의 주문으로, 말없이 흑2로 '벌림'으로 올 것이다. 아뭏든 장래의 진행에 따라서는 왼쪽 위의 백 전체를 공격 목표로 하려고 하는 속셈일 것이다. 그렇다면 하고,

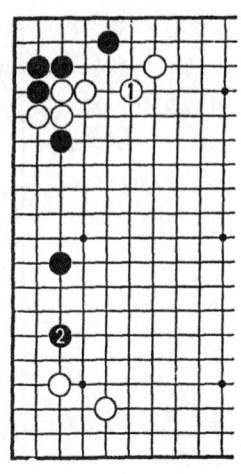

4 도

5도 백1로 대각에 붙이자 흑2로 들어온다. 이 수가 싫다. 백3 다음이라면 흑4의 탐색이 효력이 있어 곧 흑6으로 공격해 올른지 모른다. 이것은 흑으로서는 좋을 것이다. 그렇다고 해도,

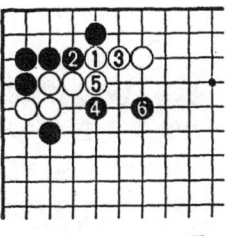

5 도

6도 백3으로 견고히 하면 흑4로 뻗어 올 것이 눈에 보인다. 불쾌하기 짝이 없다. 프로는 상대가 불쾌하면 더할 수 없이 만족해하는 사람들이기 때문에 이쪽으로서는 의지로서도 그렇게 둘 수는 없는 것이다.

단순히 공격을 받지 않으면 된다고 하는 것은 아니다. 조금씩의 타협이 곧 패국(敗局)으로 이어지고, 그리고 그것은 직접 우리들의 생활의 기반에 연결되는 것이다.

백20이 정해였다고 생각했다.

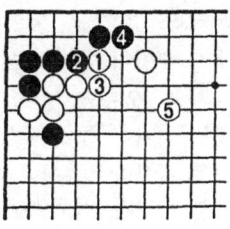

6 도

7도 흑1의
분단은 두려워하
지 않는다. 흑도
분단되기 때문이
다. 여기서 일어
나게 되는 싸움은
백의 세력의 범
위이므로 환영할
수 있다. 흑이 21
로 보강했을 때
비로소 백은 22로
지킨다.

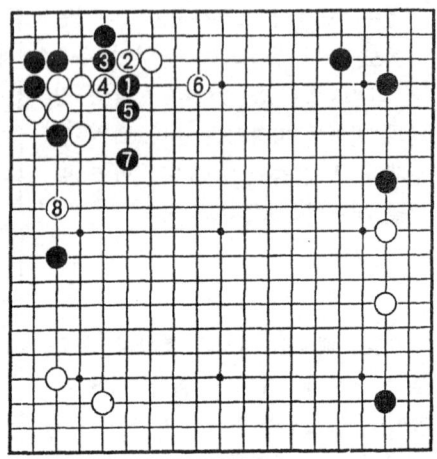

7도

8도 ▲의 수비가 되어 있는 현
재라면 흑1로 공격해 온다고 해도
이번에는 백2로 최강에 응할 수 있
게 된다. 귀의 흑에게 죽은 것이 남
아 있는데 흑3을 활동시킬 수 있을
리는 없다. 따라서 흑은 '기어 가기'
도 싫은 2선을 뻗어감이 되었다.
내가 좋아하는 두터운 형이다.

최종, 오른쪽 밑의 귀에서의 흑27
에는 기이한 눈길을 돌리는 사람도
있을 것이다. 그러나 이러한 데서
공격 기질의 기풍(棋風)이 나타나고
있다.

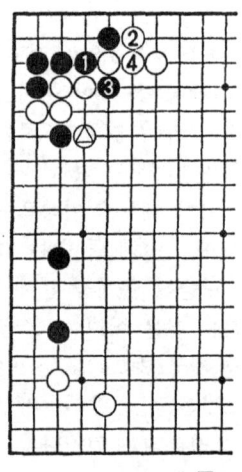

8도

제2형 최악 불명의 선택

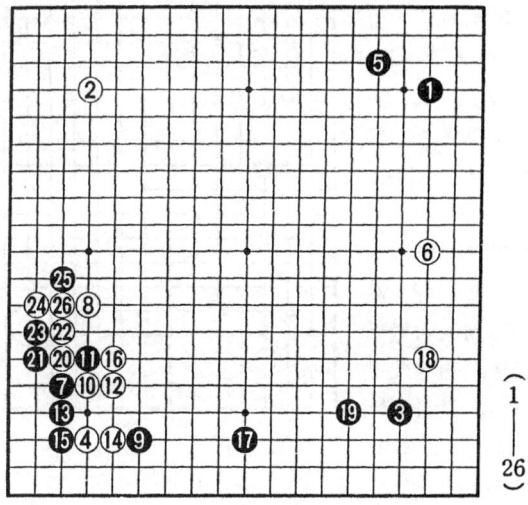

1
—
26

흑 9 는 약간 다른 정석 선택이다.

1도 흑1의 기본 정석을 선택해도 나쁘지는 않다. 다만 백4의 전개가 오른쪽 밑의 화점에 위치하는 흑부터의 전개를 방해하고 있는 것이 마음에 걸렸는지도 모른다.

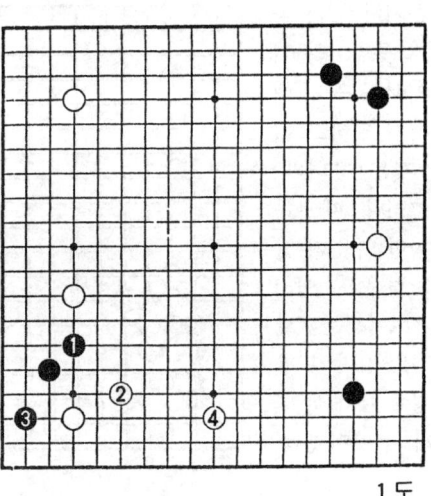

1도

2도 흑1의
2칸 뛰기도 있
다. 백2에 이어
서 흑3, 5로 ⓐ
를 공격하는 순
서가 될 것이다.

다만 백2로먼
저 자리를 빼앗긴
것이 참을 수 없
다고 생각되었을
것이다. 바둑에는
좀처럼 갈라놓을
수 없는 부분이
많아 나자신이간
단한 형인데도 언
제까지나 결론을
내지 못할 경우가
있어서 일부러 애
매하게 말하고 있
는 것은 아니다.

그러나 때로는
명확한 이유가 있
는 경우도 있어
서 여기서는 왼
쪽 밑의 귀의 정
석형에 대해서 몇
가지 설명하겠다.

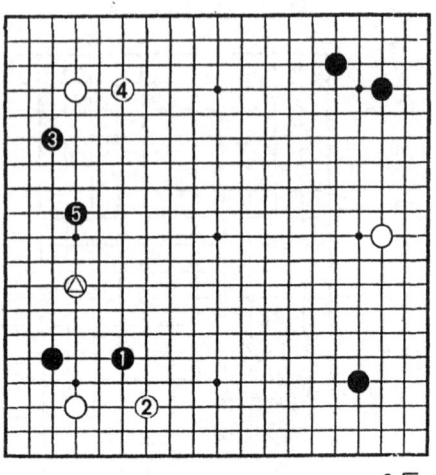

2도

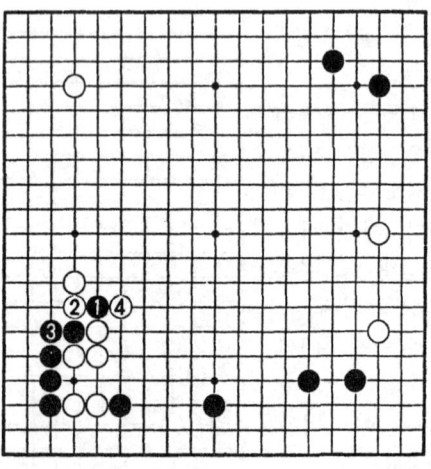

3도

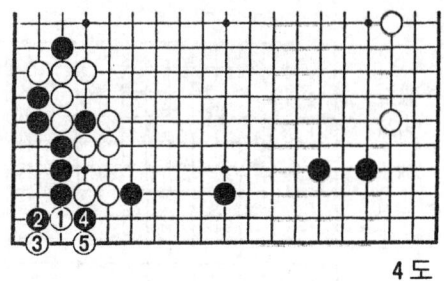

4 도

백20은 3 도 흑 1 의 2 단 뛰기를 우선 해소시키고 있다.
백 4 로 축으로 잡으면 좋지만…

그리고 백26까지 후수를 당긴 대상이 4 도에 남은 것이
다. 이것은 제법 실리가 있어 흑쪽에 큰 부담이 있는 것이
명확하다.

제 3 형　정석에 인연이 없는 포석

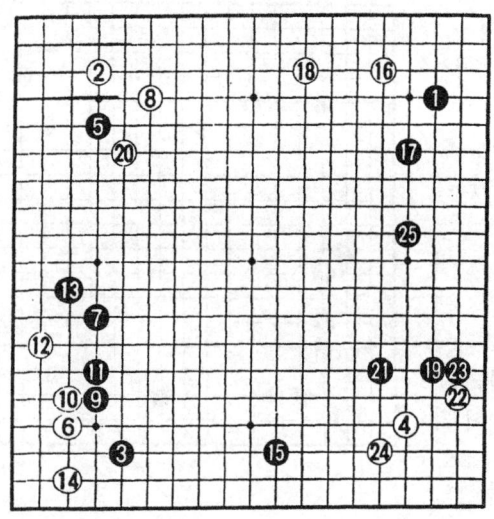

$$1 \atop 25$$

약간 다른 포석을 소개하겠다. 보다시피 거의 전부라고 해도 좋은 정도로 보통의 정석이 등장하고 있지않다. 보통의 정석이라면 사정이 나쁜 케이스와 보통의 정석을 쓰지 않겠다는 정신에서 나온 포석이다.

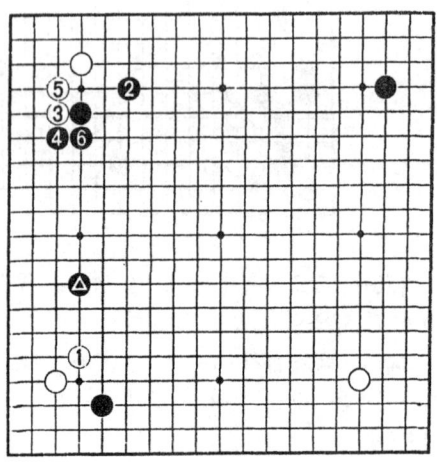

1 도

1도 백1이라면 흑2의 '씌움'에서의 정석을 두고, 어떠냐, ●가 좋은데 있지 않느냐 하고, 말하고 싶은 곳이다. 아니, 거절하면 나는 백 8에 선행한다.

그 결과는 흑 9로 '씌움'이 되고 흑은 상당한 세력을 구축했으

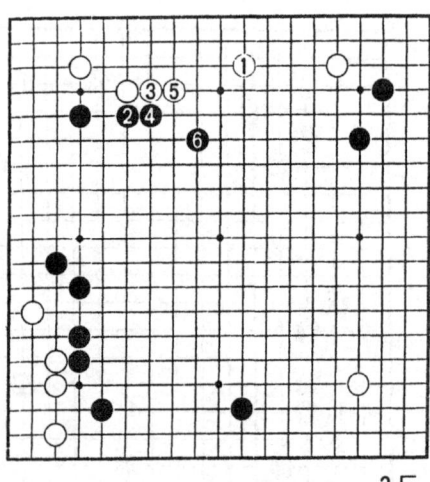

2 도

나 백 역시 이 이상 적어지지 않는 실리를 얻었으므로 한 수 부족하기 때문에 이런 것이라고 자신에게 말한다. 오른쪽 위의 구석의 백16에서 정석같은 것이 되지 않았으나 흑17에 백18이 흘겨본다.

2도 백 1이다, 하고 흑에서 2, 4로 중앙에 위엄을 나타낼 것으로 생각했다. 어차피 그렇게 된다면 백은 18의 위치 쪽이 낫다. 흑19도 의지라면 백20도 의지.

3도 흑1의 양쪽 '씌움' 같은 것은 조금도 두렵지 않다.

앞의 그림같으면 안에 머리를 내어도 좋고 4도의 봉쇄라면 백은 선수를 잡고 중앙으로 돌아갈 수가 있다. 어차피 ●가 도망하지 않으면 안되기 때문에 중앙에서 하번의 자리는 보았던 만큼 크게 되지 않을 것이라 하고 밟는다.

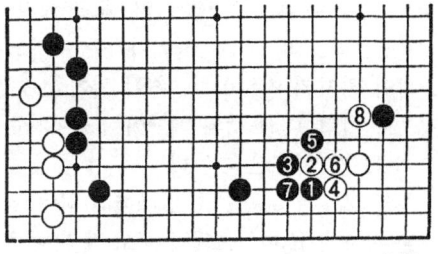

3 도

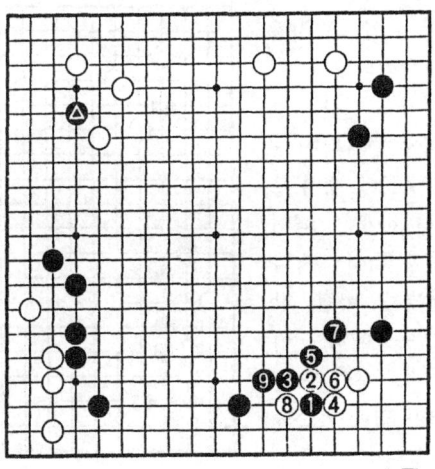

4 도

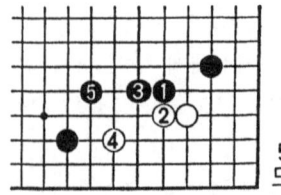 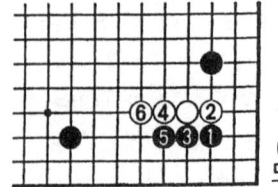

5 도   6 도

5 도   흑 1을 두고 '씌움'을 하면 어떻게든 봉쇄는 할 수 있다. 그러나 아무리 백 자리가 크고 두께의 활용에 천하 일품의 예를 나타내는 사람이라 해도 헤쳐 나가기가 힘들다.

6 도   흑 1의 3·3 들어가기는 아마도 생각할 수 있는 수 중에서 최악의 선택이다. 흑이 차지할 수 있는 자리는 미미한 것으로 이런 데서 백의 세력이 만들어지는 것은 마치 꿈을 꾸고 있는 것과 같은 것이다.

흑의 모양은 운산무소(雲散霧消)하여 상변에서는 백이 주도권을 잡고 있으며, 그렇게 되고 보면 왼쪽 밑의 작은 자리도 그대로 보고만 넘길 수 없는 존재이다.   그러한 것으로

흑21. 백도 22,24의   임시조치로 마무리되었다. 여기서도 일반 정석에 구애되어—.

7 도   백 1로 대비하게 되면 흑 2 이하 백의 운명은 바람 앞의 등불이다.   아무래도 정석과 인연이 없는 포석이었다.

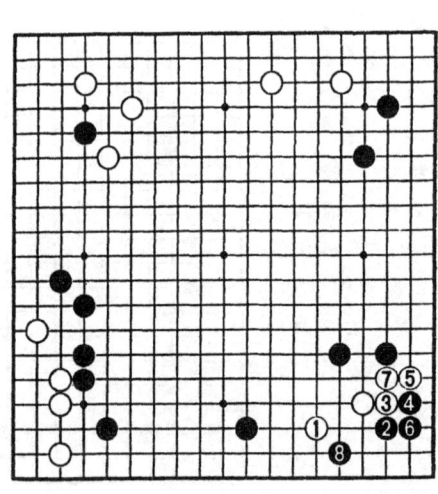

7 도

제 4 형   자리에 메운 선택

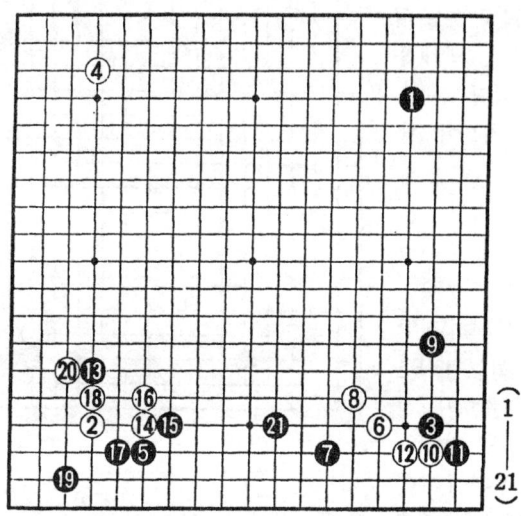

프로 바둑이라 하는 것은 서반에서 간단히 우열이 결정되는 일이 적다. 그 원인은 대국자가 너무나 조심하여 좀처럼 상대의 함정에 빠져들지 않는다는 이유도 있겠지만, 또 무작정 유리한 수를 발견하려고 하지 않은 태도에도 있는지도 모른다. 그렇게 유리하게 될 리는 없다고 처음부터 결정하고 있는 경우가 많은 것이다.

1 도 보(譜)의 흑 7 의 협공이며, 이 그림의 흑 1 에 '붙이기' 를 하면 아무런 고난은 없다. 백 6 이 협공과 '거리 두기' 를 겸하여 곧 백 우세. 그렇게는 되지 않을 것이라고 양자는 계

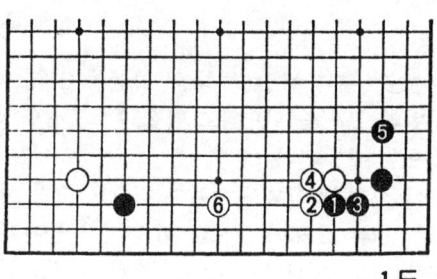

1 도

산하고 있다.

혹11로 2도의
혹1로 날개를
내게 되면 백은
좋은 기분이 될
것이다. 백2에
서 8까지다.

이 귀에 한해서
말하면 걸맞는
것인지 모르지만
그 뒤였더라면
⬤에서 걸릴리
가 없다. 당연히
혹㉮부터이다.

혹13은 자리에
메운 맛을 나타
내고 있다.

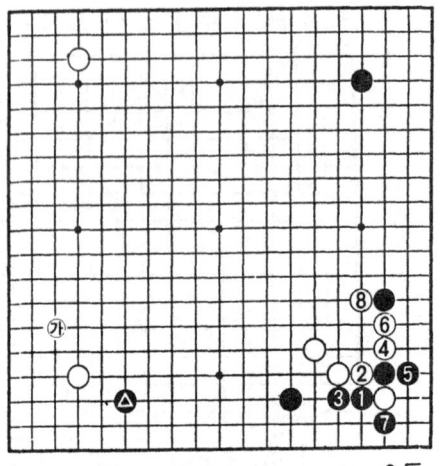

2 도

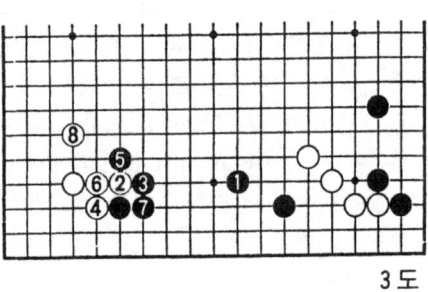

3 도

3도 혹1이 보통 착상. 오른쪽 밑의 백이 불안정하므로
하변의 공격을 단념하고 백2, 4로 '붙여 누르기' 정석이 될
것으로 예상된다.

이 그림을 실전의 진행과 비교해 주기 바란다. 혹은 중앙에
약간 엷은 느낌이 있으나 귀에 먹어 들어와 있다. 이 먹어 들
어와 있는 것이 무엇보다 중요한 의미를 지니고 있다.

4도 혹1의 양쪽 '걸기'는 기피해야 할 것이다. 앞의 그림과 같이 '붙여누르기' 정석. 혹 9까지의 하변에서 좌변에 걸쳐서의 혹의 모습은 세력 이라고 하기보다 전국적인 짐으로 변하고 있다.

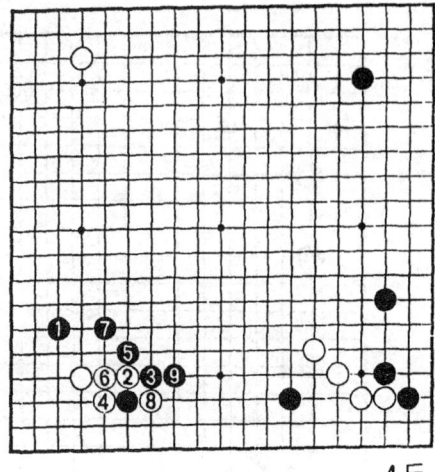

4 도

혹13에 5도 백 1로 '붙이기'를 하는 것 역시 교과서에 흔히 나오는 정석이지만 이것은 초보 바둑의 정석이다. 혹12까지 되고보니 확실히 백은 걱정은 없어졌으나 혹은 그 이상으로 안심하고 있다.

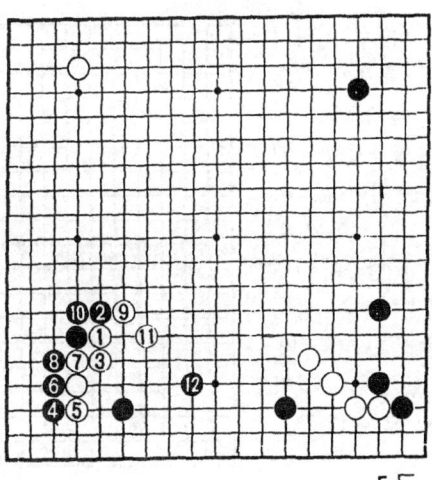

5 도

제 5 형   협공할 수 없는 경우

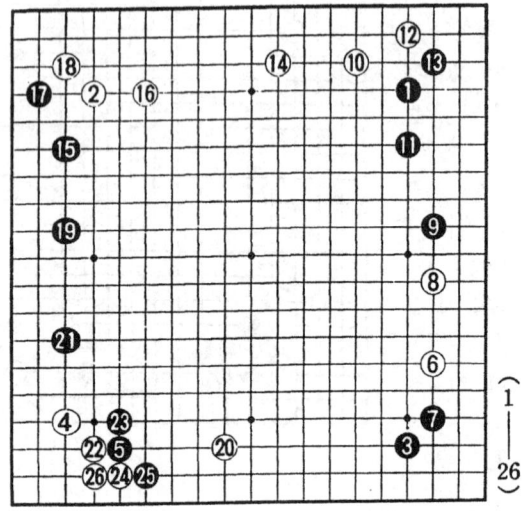

오른쪽 위의
귀. 흑 9 가 있으
면 백 10으로 하
여 협공당할 걱
정은 이미 없다.

1 도 흑 1 의
1 칸 협공이라면
백 2 이하의 정석
인데 ◉의 '벌
려두기'가 결정
적으로 좁다.

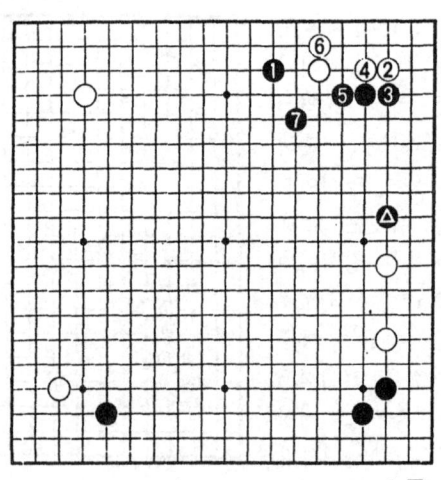

1 도

협공하려면 2
도 흑 1의 3칸
협공에 한한다.
백 2의 3·3 들
어가기에 흑 3 하
고 이쪽에서 누
르 지만 백10이
되고 보면 ● 의
위치가 이것은
뭔가 하는 상태
가 된다. 따라서
백14까지는 필연.
흑15의 '걸기'
에 전혀 다른 이
유에서 협공할
수 있는 수는 없
다. 제일 나쁜
것은 3칸 협공
인데, 예를 들면
2칸 높은 협공
도 3도 흑 2로
'걸기'를 당하
여도 백의 형태
는 되어 있지 않
다. 백 7 의 뒤,
흑 8 또는, ㉮,
혹은 ㉯ 라도 좋
다.

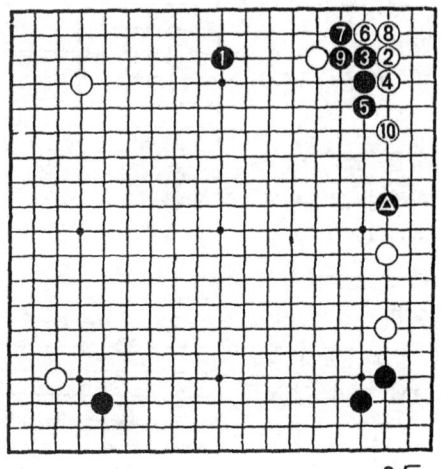

2 도

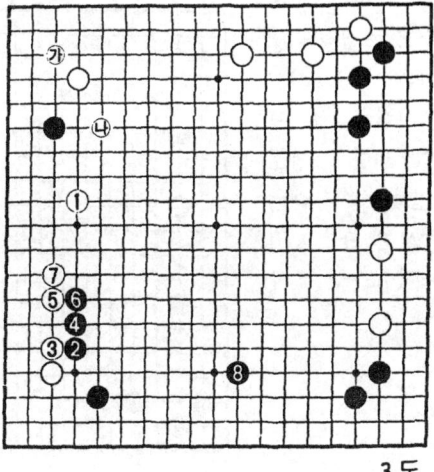

3 도

백22에서는 별도로 하고-. 4도 흑1의 대각 '붙이기'에서 구석을 빨리 마무리하여 그 후에 침착하게 7로 ⊚을 공격하는 수법.

5도 흑 1로 크게 뛰어 넘고 3으로 채우는 수법이 있다.

어느 쪽도 있다고 생각했으나 6도 백1의'비슷한 정석형' 뿐만은 아니라고 생각했다. 즉, 흑 6까지를 상정(想定)하여 전국적으로 백은 자리가 없다.

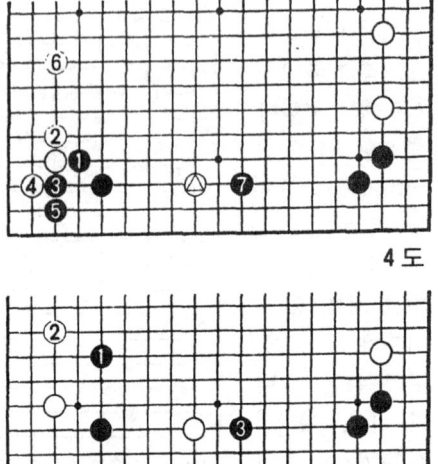

4 도

5 도

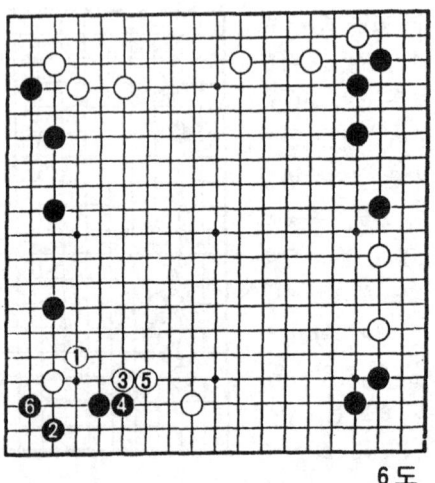

6 도

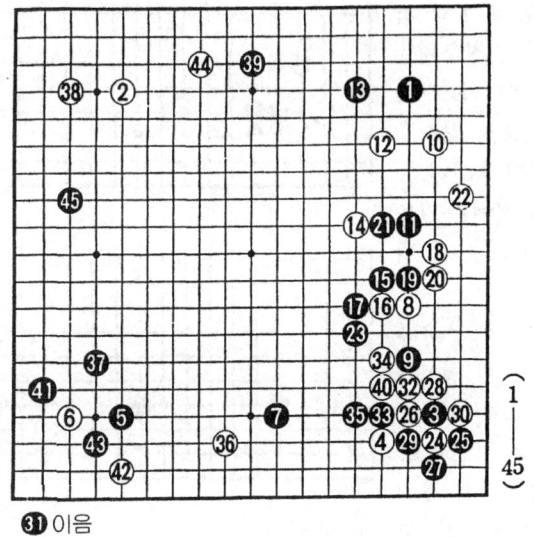

㉛이음

제 6 형 착상의 비약

본국은 천재라고 부르고 있는 하시모또·우따로와씨 (백) 와의 대전이다. 물론 나같은 사람은 수의 선악을 논할 자격이 있을 리 없으나 언제나처럼 역년의 다과를 느낄 수 없는 왕성한 창작욕에는 감탄하지 않을 수 없다.

이번 기회에 독자 여러분에게 한 마디 진언하고 싶은 것은 정석도 좋지만 서툴면 서툴른대로, 그런대로의 자기 자신의 생각을 바둑이라고 하는 게임 속에 발현(発現)해 주기를 바라는 것이다. 어차피 진다고 해도 생활이 그것으로 어려워지는 것은 아니기 때문에 ……

이 1국의 최초의 부분만을 독자 여러분과 감상해 보고 싶다. 백 2 는 혹 1의 공격에 대항한 기분. 변에 대한 발언권은 '화점' 보다도 높은 눈에 있다. 백 6 은 38의 마무리로 충분하다. 백에서 먼저 싸움을 걸 필요가 없다.

1도 흑 1 의 '걸
기'는 이 경우에는
두기 어렵다. 백 6
이 절호의 벌림수
를 가지게 된다.

그리하여 특징을
살리고 흑 7 에 협
공한다.

1 도

2도 백 1 이라
면 흑 2. 이 정석은
백 1 로 자리에 손
해를 본 대신에 △
를 협공하여 우열
이 없어지지만 높
은 눈의 위치가 잘
그렇게 되지 않는
다. 이것이 흑의 주
문이다. 그러나 주
문대로 움직이는
백은 아니다.

2 도

백 8 로 멀리 도
약해 왔다. 흑의

3 도

응수를 듣고 있는 것이다. 이에 대해서 —.

3도 흑 1 은 받으면서 백 2 에서 살려고 한다. 후수로 만
든 흑 7 까지의 외세(外勢) 같은것은 대단하지 않다. 백 8 로 대
비하여 바보가 되어 버린다. 따라서 흑도 9 로 천천히 두어
역으로 백이 나오는 것을 엿본다. 백10으로 초점이 오른쪽
위로 이동한다.

4도 흑1이
라면 백2로 우
변을 지킬 것이
다. 그 후 오른
쪽 밑의 한 점에
대한 공격으로
흑㉮의 박력이
없다. 백㉯의 3·
3 '붙이기'로 쉽
게 형태를 만들
수 있다. 흑11로
협공하여 백의
3·3 들어가기
를 재촉했다.

5도 백1에
는 물론 흑2쪽
부터 '눌러'야 한
다. 백9에 흑10
으로 귀의 한 점
을 나오게 한다.
이것은 잘만 되
면 우변 전체가
흑집이 되고 만
다.

백14로 싸움이
시작되었다. 흑
35까지의 싸움의
해설은 이 책의

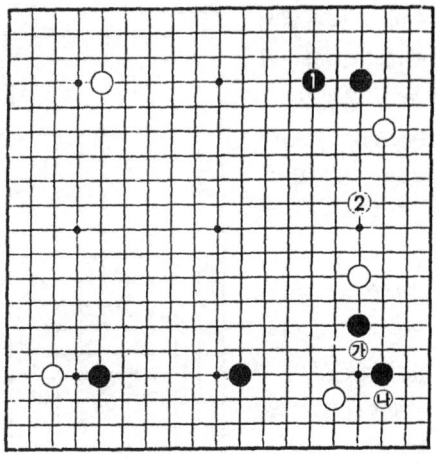

4도

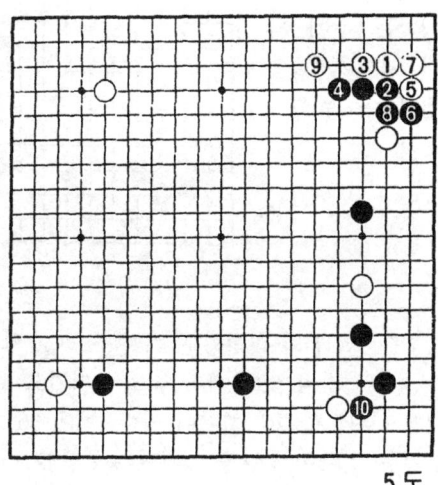

5도

수비 범위에서
벗어나기 때문에
생략 하지만, 흑
은 그저 그런대
로라고 생각된다.
오른쪽 밑의 흑
집이 확정되었고
바깥쪽의 두께가
그런대로 되어
있기 때문이다.

계속해서 백의
최악의 선택을
제시한다면 6 도
백 1 의 밑에 '붙
이기'는 흑이 환
영하는 것이 되
며 흑 6 까지 순
간적으로 우세가
된다.

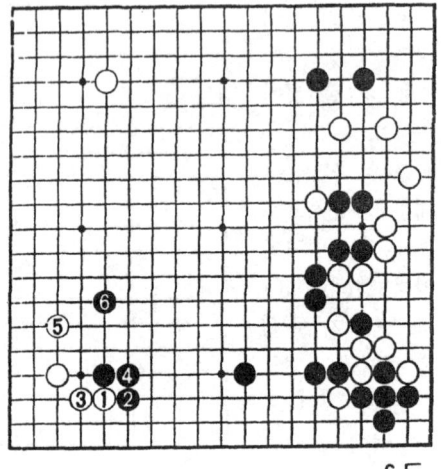

6 도

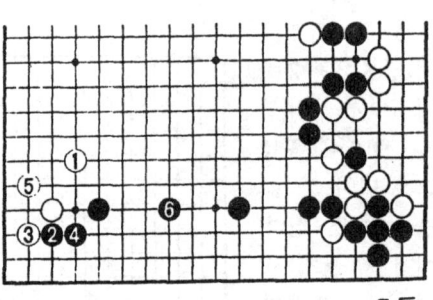

7 도

7 도 백 1 의 대비라면 그런대로라고 할 수 있으나 흑은
2 , 4 의 '붙여 뻗기'에서 6 으로 지키고 하변은 거의 집이다.
이것으로써 형세에 자신이 있다. 백은 36. 흑37에 백38로 다
른쪽을 향하고 흑41을 기다렸다가 백42로 다른쪽으로 돌아선
다. 이러한 착상의 비약은 배울만하다.

제7형 흑의 모양을 옆눈으로 보고

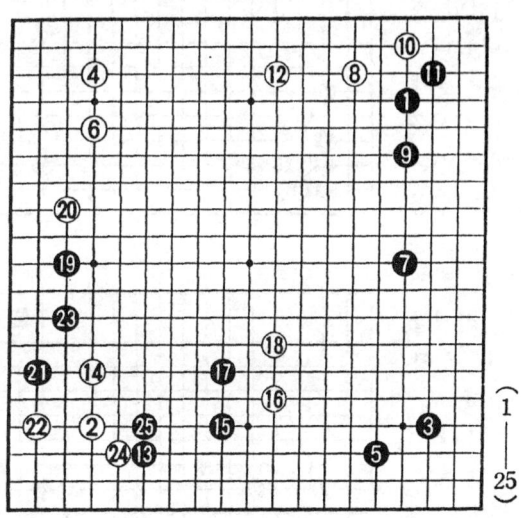

흑9에 있어서는 1도 흑1의 2칸 높은 협공도 있었다. 상대가 집을 메운 사람이었기 때문에 백2의 3·3 들어가기가 예상되어, 오른쪽 윗부분만을 말한다면 보(譜)의 진행보다 우수하다. 그러나 전국적으로는 아무래도 단

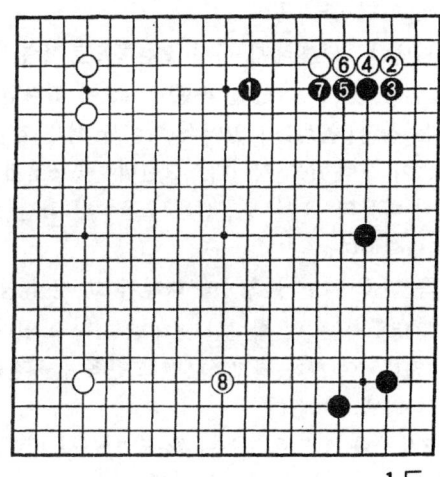

1도

조로운 느낌이
있어 평범한 흑
9를 선택했다.

백14에서 본래
협공형의 정석을
선택하고 싶은
곳이다. 그 협공
한 한 점이 오른

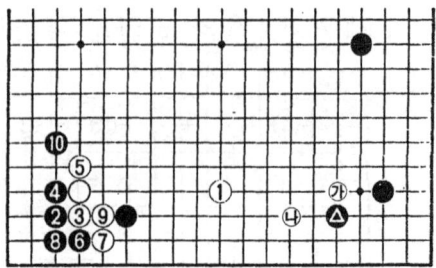

2 도

쪽의 흑 진(陣)의
변화를 견제할
수 있다면 상황
이 좋아진다.

예를 들면 2 도
백 1의 3칸 높은
협공. 그런데 이 백
의 대비는 프로
라면 일단 불만을

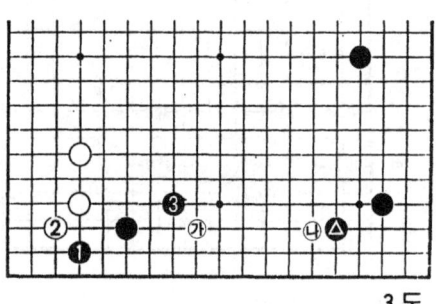

3 도

나타낸다. 백 1에서 다시 오른쪽으로 발전하는 수가 잘 잡히
지 않는 것이다. 만일 흑●이 ㉠에 있다면 백㉡와 꼭 들어
맞는 착점(着点)이 있어서 아마도 백은 협공형의 정석을 틀
림없이 선택했을 것이다. 그런데, 흑15인데——

이 바둑의 흑의 생명선은 오른쪽의 흑진(黑陣)에 있는 것
이 명확하다.

왼쪽 밑을 치면서 흑·백 다같이 그 일이 항상 염두에 있다.

흑15로서는 더 확실한 형태만 나타나 있다면 그에 넘는 것
은 없다. 여기가 확고하다면 오른쪽의 흑진은 더욱 더 허위
를 나타낼 수 있다.

3 도 흑 3 으로 ㉠는 ● 도 낮아서 밸런스가 좋지 않다.
그렇다고 해서 3 으로서는 ● 과의 거리가 너무 멀다. ● 가

㉯에 있으면 즉, 귀의 상황을 보아 흑3은 공격할 수 있는데……. 그래서 어쩔 수 없이 흑15가 된다.

4도 백1이라면 흑2를 예상하고 있다. 큰 모양의 대항전이지만 흑쪽이 두터울 것이다. ㉮의 3·3이 비어 있는 것도 계산에 들어가 있다.

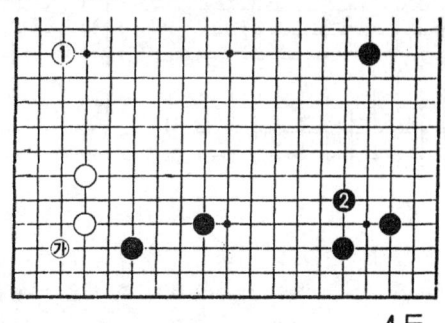

4 도

백은 그것을 겨누고 16·18로 척후병을 파견했다. 그 대신 흑19의 갈라치기에 들어간다. 이렇게 하여 이 바둑의 왼쪽 밑의 작은 싸움으로부터 전국에 파급되어 간다.

백 16,18의 뿌리없는 풀이 있는 한 흑의 우위는 부동하다.

제 8 형
예외의
형(形)

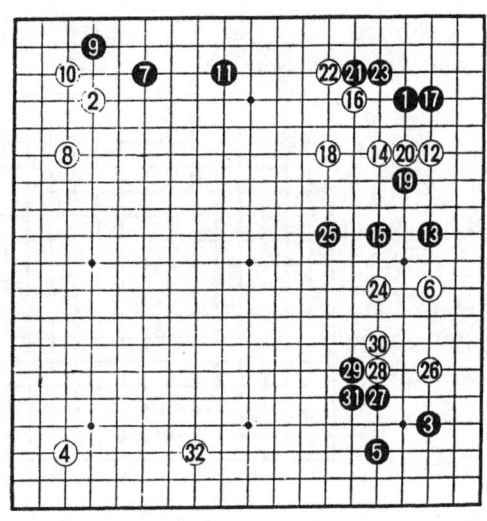

1
—
32

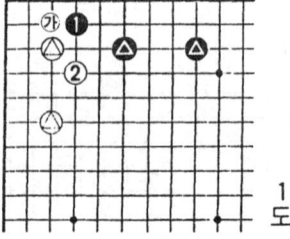

1
도

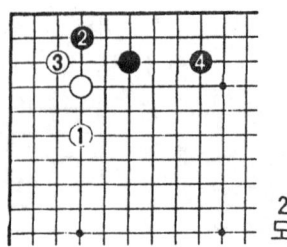

2
도

왼쪽 위의 정석은 요즘에 와서 정착했으나 의외로 그 역사가 깊지 않아 그 시초일 때는, 예를 들면 ●의 두 점은 △의 두 점의 대항으로써 흑1로 나왔을 때 백2로 받았던 원리가 아니냐는 비난도 받았을 때도 있었다. 확실히 백2로서는 ㉮쪽이 좋지만 흑1의 저위(低位)도 자만할 수 없다.

2도의 정석은 좀 오랜 역사를 가지고 있으나 백1의 허리높이를 잘 이용할 수 있는가. 그 약점을 공략할 수 있는가에그 가부가 결정된다.

3도 백1의 근처에서의 협공 정석도 있다. 흑이 너무 계산하기 쉬운 자리를 주고 싶지 않다고 하는 기분이 작용했다. 오른쪽 밑의 귀의 매듭과 혼합되어 흑에게 집이 많은 바둑이 된다.

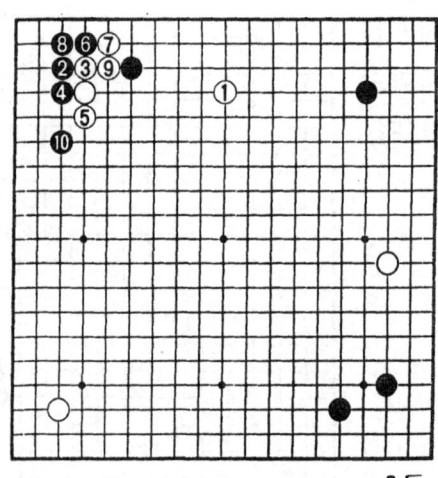

3도

백12의 주문은 4도 흑1에 백 2, 4의 대비다. 선수는 흑에게 돌아 가지만 전국을 보면 하변과 좌변은 넓게 보이지만 ● 과 ◎의 칼 끝이 왼쪽 밑의 3·3에 향하고 있어 싸우는 자리를 제한하고 있다.

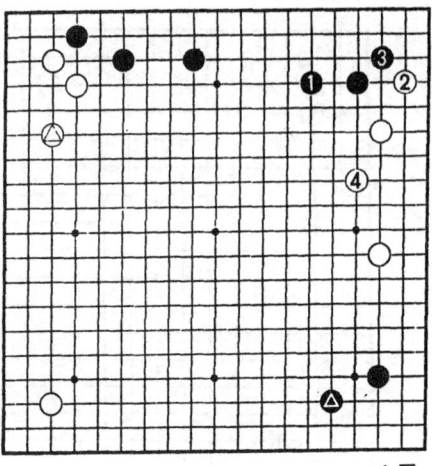

4도

흑13으로 여기에 싸움을 시작했다. 15로 뛰어 백16을 용서하는 것같은 형태는 보통으로는 없으나 왼쪽 위의 귀가 완결한 모습을 하고 있어서 예외로서 인정된다.

5도 흑1의 응수로서는 백2 이하 어려운 싸움이 된다.

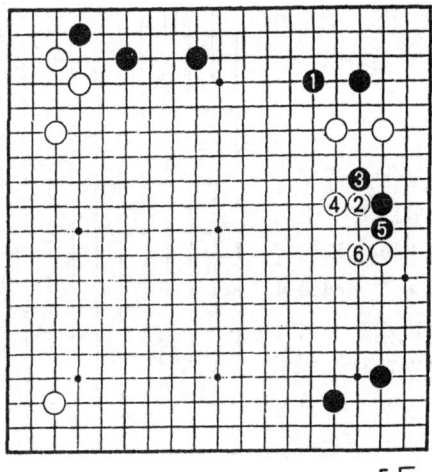

5도

제 9 형 미끄러지는 방향

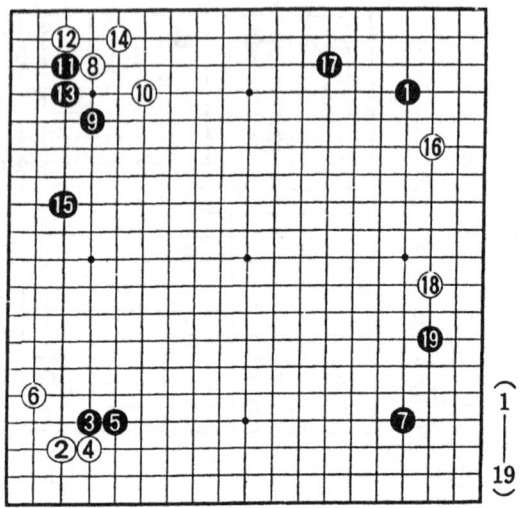

갑자기 흑 3 의 '걸기'는 진귀하게 보일른지 모르지만 그다지 어려운 것은 아니다. 실전은 흑 7 이 되었으나 1 도의 백 1 쪽이 좋다면 흑 4. 선대칭형 (線対稱形) 이기 때문에 어느쪽에 두는가, 백에게 결정권을 줄 수밖에 없다.

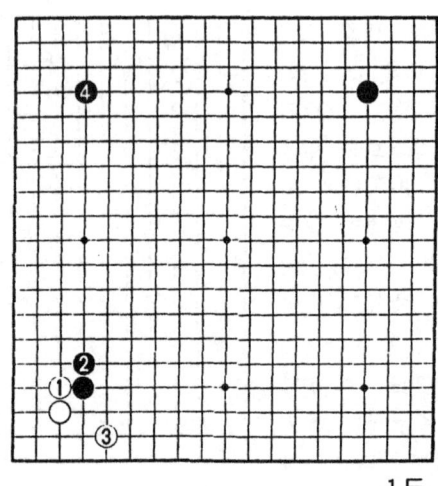

1 도

2도 가령 혹 1, 백 2 가 구석을 서로 차지하려다가 그 후 혹 3 의 '걸기' 를 한다면 백은 꼭 4 로 기어 6 으로 기어갈 것이다. 혹의 세력이 있는 쪽에 6 으로 낮게 머리를 내게 되어 과장한다면 우변 일대

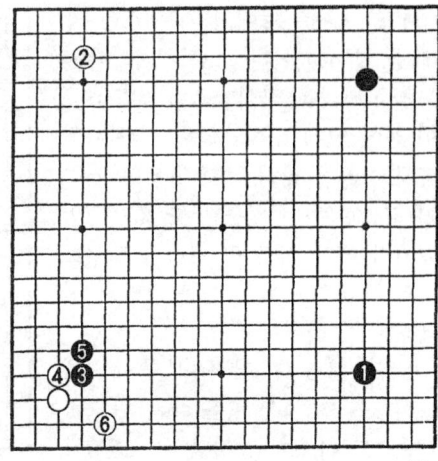

2 도

가 끝이 비어버린 것 같은 느낌이다.

혹 9 의 '걸기'에 백의 응수는 의외로 어렵다. 그대로 두면 10의 점에 '걸기'를 당해서 우변의 2 연성(二連星)과 함께 있게 되어 전국적으로 두텁게 된다. 왼쪽 밑의 백이 귀에 편중하고 있는 것도 그 경향에 고리를 걸게 된 것이다.

3 도 백 1 의 밑에 '붙이기'에 혹 2, 4 에서 6 으로 되는 것은 유행 정석이지만 이 경우에는 정석이라고 하기에는 혹이 너무 불리하다. ◭ 2 점과의 연결이 왠지 흩어져 있고 ◭의 한 점이 기쁜 듯이 웃고 있다. 이것은 백의 이상형이다. 그럼 백은 그렇게 두지 않으면 안되었는가.

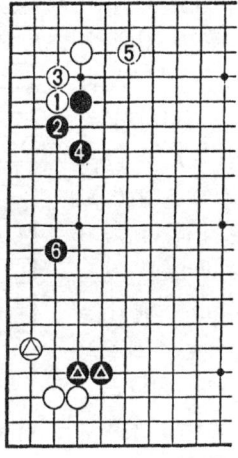

3 도

4 도 밑에 '붙이기'에는 흑은 '사태'를 할 생각이다. 18까지의 작은 '사태' 정석은 구석만으로 결착(決着)이 붙어 있어 구석만으로 말한다면 흑에 자리가 많다. 변(辺)에의 거리가 필요로 하지 않는 만큼 △의 '미끄러짐'을 무시할 수 있다. 그래서는 백의 불만으로 백은 다른 방법을 선택하게 될 것이다.

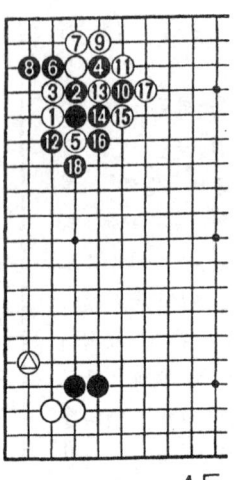

4 도

5 도 백 5 로 '눈사태'를 유도해 올른지도 모른다. 흑은 그 유도에 편승해도 나쁘지 않지만 더 간명한 술책이 있다.

흑 2, 4 까지 두고 6 으로 전개한다. 백 7, 흑 8 이 되고 보면 이 것은 흑 전체의 포석. 백 7 로 ㉮의 '갈라치기'라면 흑 7, 백 ㉯, 흑 ㉰의 호형(好形)이 있다. 이것저것 생각해 보고 실전의 백 10 은 아마도 최선의 선택일 것이다.

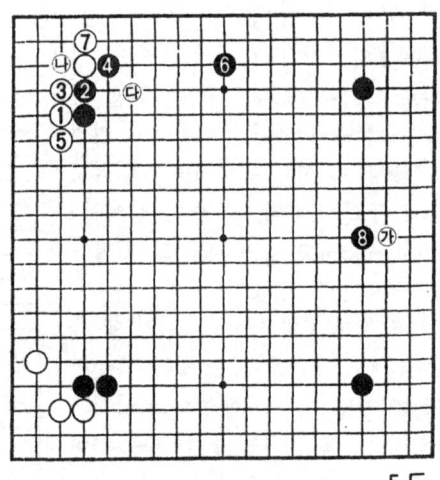

5 도

흑15를 정석대로 더 하나 넓게 벌리지 않은 것은 예에 의해서 백 6 을 의식하고 있다. '벌리지 못하면 손해다' 이렇게

도 볼 수 있으나 가령 수를 바꾸어보고.

6도 흑1, 3에서 5의 대비에 백6으로 두게 될까. 백6은 명확하게 급하지 않아 흑5의 좁음과 마이너스끼리 상쇄하고 있다고 생각된다. 흑17은 7도 백1을 유인하고 있다. 부분적으로는 백의 귀찮스러운 이유는 없으나 백이 귀에 편중하고 있어서 백이 두기 어렵다고 생각한다.

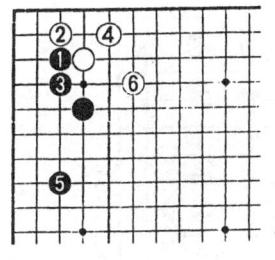

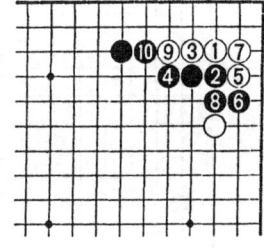

흑19는 8도의 백의 정형을 강요했다. 백도 형태는 좋으나 흑의 오른쪽 위도 충분하고 하변에 선착(先着)하여 착실히 흑의 리드가 계속될 것이다. 이 그림에 백이 어떻게 반발하고 어떻게 결말에 이를 것인가를 해설할 수가 없다.

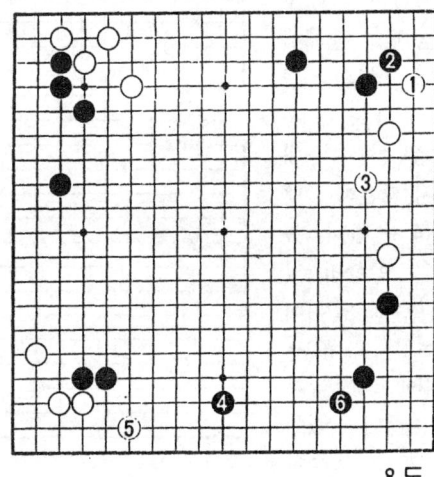

8도

제10형 기는 방향

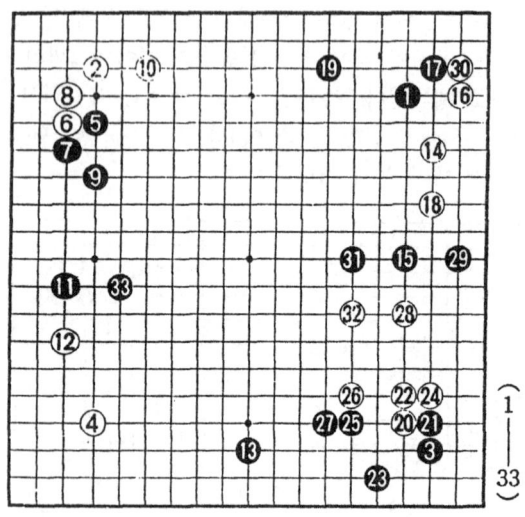

이야기는 우변
(右辺)의 주고
받음에 한해서
한다. 백14의 '걸
기'에 1도 흑
1은 마음이 내
키지 않는다. 백
2, 4 가 된뒤, 흑
1의 방향에 낮
은 돌이 있어서
발전성이 없다.
하변에도 이렇다
할 착점이 없어
섬세한 바둑이

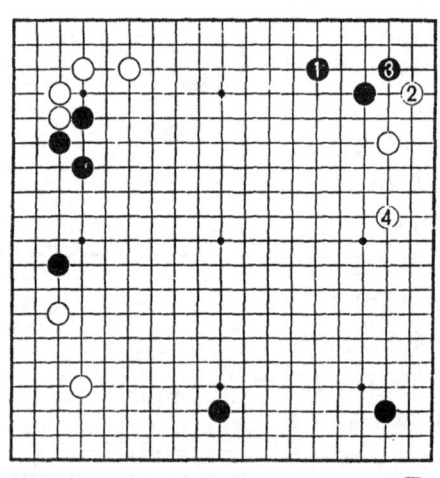

1 도

될 것으로 보인
다.

　혹15의 협공에
2도 백1로 3·
3에 들어와 준
다면 혹2로 막
아 백 9 까지는
외길. 그리고 혹
10까지 되고보면
이것은 혹의 이
상형이다. 당연히
그렇게 되지 않
을 것이라고 생
각하고 있었다.

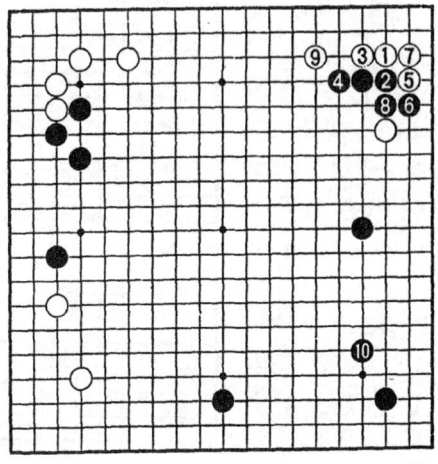

2도

　백16, 18은 임시처치이며 이
러한 데에 유연한 사고체계(思考
体系)가 나타나 있다고 생각된다.
그러나 혹도 19까지 벌려 두게
되면 불만은 없다. 그런데 오른
쪽 밑의 백20을 맞이한 혹의 방
향 선택이 이 그림의 주요 테마
이다.

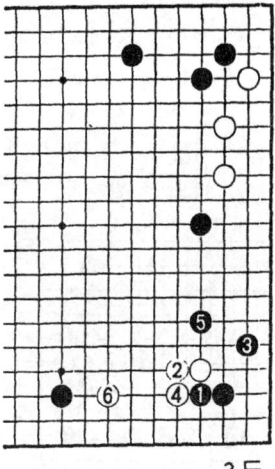

3도

　3도 혹1은 좋지 않다고 생
각된다. 가령 백6까지 되고 보
면 혹5는 끝이 빈 자리를 포위
하는 결과가 된다.

4도 백이 양쪽 '미끄럼' 을 허용하고 수를 빼는 케이스도 생각해 볼 수 있다. 흑은 뒤에 더 한 수 ㉮의 필요한 형이지만 백㉯로 당하게 되면 이젠 공격할 수 없는 형이 된다. 백 6 의 공격에서 백의 주

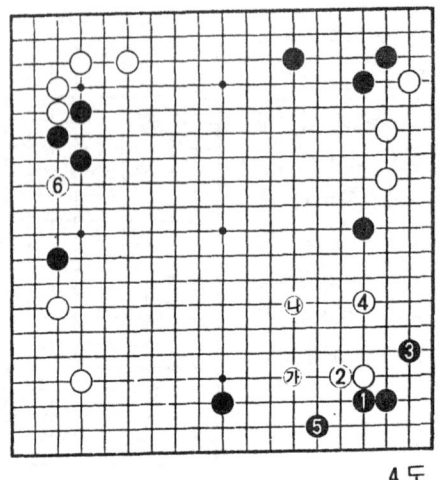

4 도

도권 밑에 싸움이 진행되어 재미가 없다.

5도 흑 1 에 백 2 로 뛰게 되면 곤란하다. ●가 이미 있기 때문에 흑13, 15로 건너가는 것을 강요당하여 백16으로 우변의 흑이 고립당하게 되면 곤란하다.

실전의 흑21에 백이 뛰는 것은 6도 흑 3 에서 5 로 견디고 있으면 백의 형태도 그다지 성숙하고 있지 않으므로 우변의 흑이 일방적으로 공격당할 일은 없을 것이다.

흑 33으로 현안의 호점(好点)으로 돌아가서 안심한다.

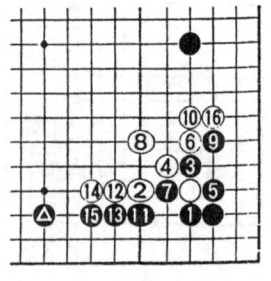

5 도

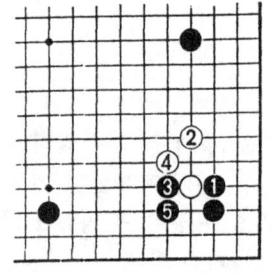

6 도

제11형 우하(右下)와 좌상(左上)의 관계

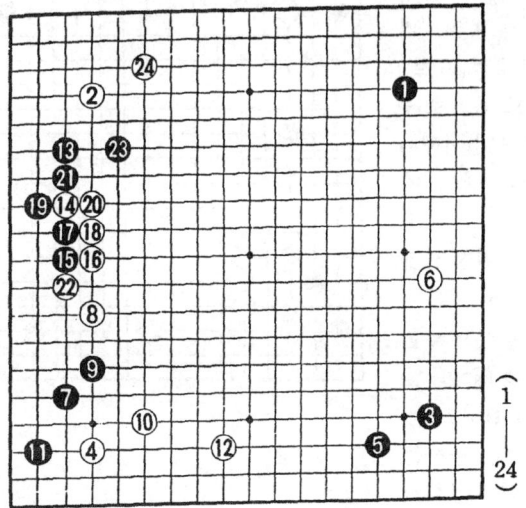

본국은 백12의
좁은 '벌려 두기'
가 화제의 주가
된다.

1도 ●을 의
식하여 ◎로 보
통보다 좁다. 백
1에서 흑 4까지,
흔히 있는 형이
지만 ◎의 덕분
으로 그렇게는
되지 않는다. 그
에 대한 이유를
설명하겠다.

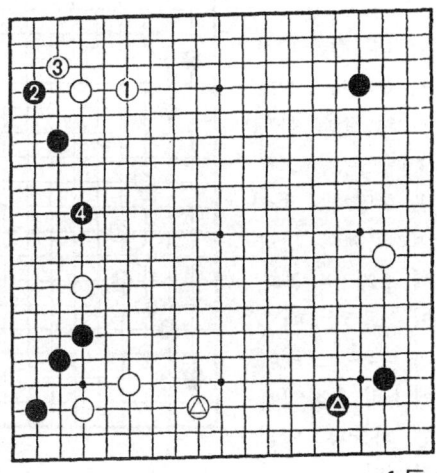

1 도

2도 ◎을 일단 두었더라면 다음에 백 1의 '뛰기'가 호점(好点). 역으로 흑1로 두고 오는데 비해서 하변의 백이 여유가 있고, 흑2라면 백3으로 도망나가 아무 일도 없다. 흑2 앞에 흑㉮ 백㉯를 교환하느냐, 않느냐의 문제는 여기서는 생략한다.

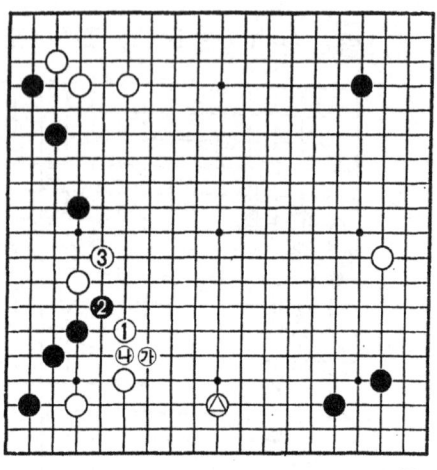

2도

그럼 같은 것이 3도에 관해서 왜 말을 하지 못하는가. 그것은 현명하신 독자 여러분께서 판단해 주기 바란다. 이 그림의 백1과 앞의 그림의 백1의 움직임에는 하늘과 땅의 차이다.

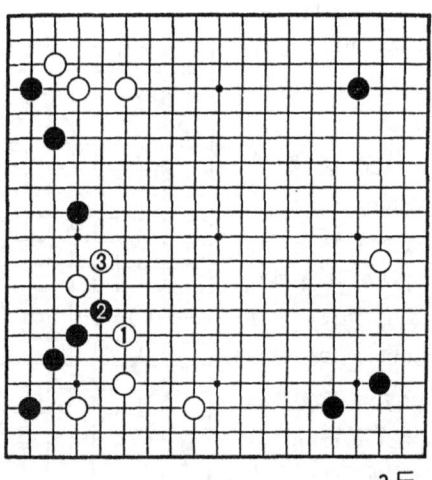

3도

왜 앞의 그림
과 또 그 앞의
그림의 백1이
필요한가를 말하
면 **4도** 흑1의
'걸기'가 너무
엄하기 때문이었
다. 흑1로 백의
한 점은 거의 움
직일 수 없다. 1
에는 흑7까지이
다.

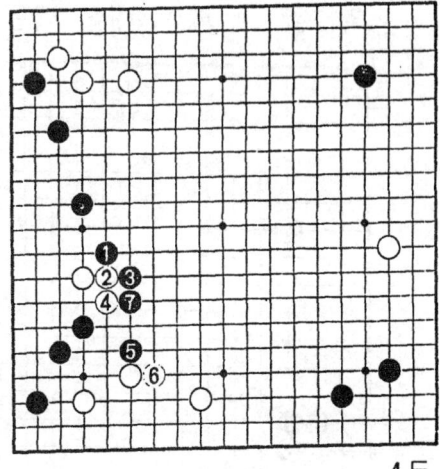

4 도

그러한 일로 좁은 '벌려 두기'를
선택한 나는 상변에 1칸 '받기'를
할 권리를 스스로 포기했다.

그래서 보통의 정석형을 선택하면
좋다고 하는 소리가 들려오는 것 같
은 느낌이 있으나 그렇게는 하지 않
았다.

백의 좁은 '벌려 두기'는 흑의 응
수도 제한하고 있는 것이었다. 백14
의 협공에 **5도** 흑1의 3·3 '침입
하기'라면 백10의 급소를 칠 수가
있다. 흑11이 밑의 백에 영향을 주
지 않기 때문이다. 어쩔 수 없이 실
전보(譜) 흑15의 공격에서 난전이
시작된 것이다.

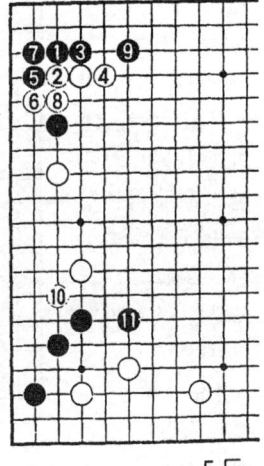

5 도

제12형 두께에 대한 극단의식

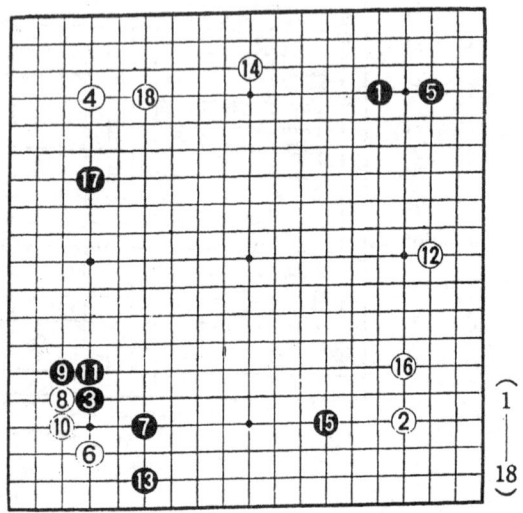

이 대국은 흑 15, 17의 두 수에 운명이 걸려 있다. 왼쪽 밑의 정석을, 특히 13의 일착을 최대한으로 활용할 수 있도록 연구된 포석으로 프로에는 희귀한 것이다.

1도 흑 1, 3으로 두수 거는 것은 늦다.

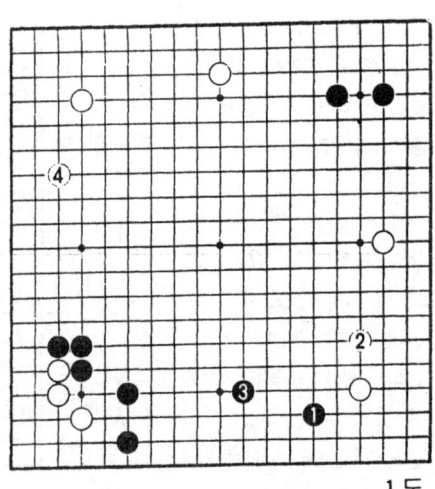

1 도

2도　흑17로
이 그림의 1, 3
도 같다. 이 정도
의 모양으로서는
도저히　1국을
처리하는　데는
부족하다. 흑15,
17의 2칸 높이
'걸기'에 정석이
라고는　할　수
없을 정도로 손
해다. 그러나 왼
쪽 밑의　두께의

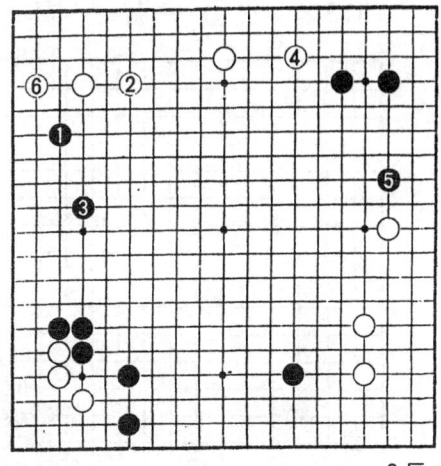

2 도

활용에는 제법이어서 유력한 정석으로 보아도 될 것이다.

　화점에의 2칸 높이 '걸기'는 3·3으로 들어가기　어려
워 그것을 3도에 제시해 놓겠다. 백10까지 되어 ●의　한
점이 거의 폐석이 되었다. 실전은 왼쪽 밑의 귀에'졸아붙이기'
를 겨누었다.

　4도　흑 1 이하에 백 6 으로 미묘한 효력을　나타내려고 한
백에게 흑이 반발하였다.

　흑은 두께의 바둑을 좋아하는 사람. 자신이 둔 돌에 책임을
진다고 하는 극단적인 실전의 예를 들었다.

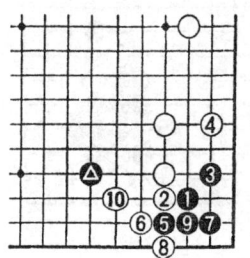

3
도

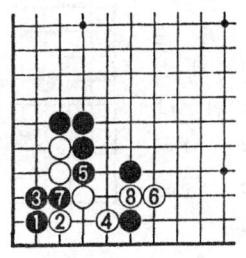

4
도

172

제13형 견딜 수밖에 없다

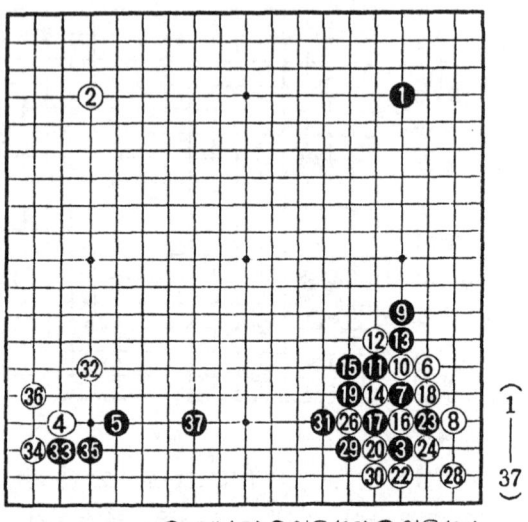

㉑따냄·(7)㉕이음(16)㉗이음(14)

오른쪽 밑의 구석에 실리와 외세의 대조적인 정석이 형성되어 있다. 이 경우의 정석의 선택은 쉬운 경우가 많다.

1도 백 ◎로 두어 흑 1의 '걸기'를 당하면 흑이 두터워진다. 6의 끝이 비어 있는 것은 문제가 아니다.

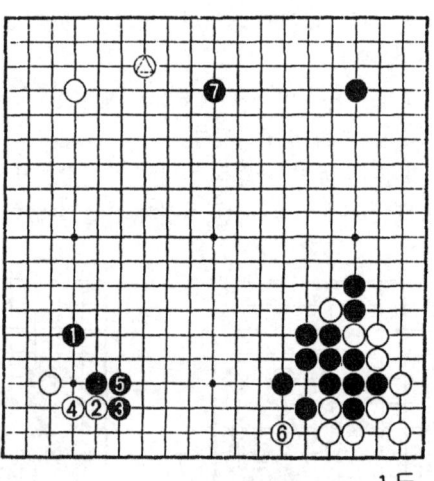

1도

2도 백1의 '밑에 붙이기' 도 대국(大局)을 보고 있지 않다. 흑 6으로 구성되는 하면의 다이나믹한 모양은 헐어져 있는 왼쪽 밑의 귀의 실리같은 것은 완전 무시할 수 있다. 이렇게 되면 이미 백의 패배에 형세로 단언할 수 있다.

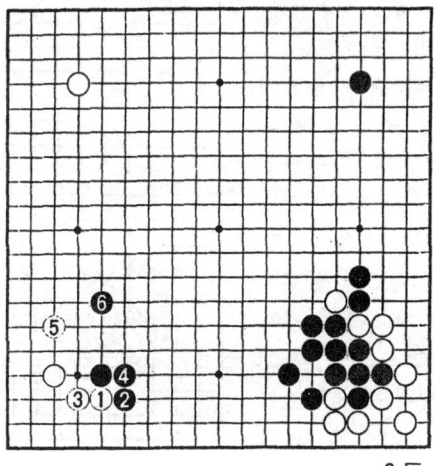

2 도

3도 백1처럼 무모한 공격을 흔히 아마들의 바둑에서 볼 수 있는데 아마도 최악. 흑4로 비슷한 실력이라면 거의 패하게 되고, 가령 살았다고 해도 참담하게 될 것이 예상된다.

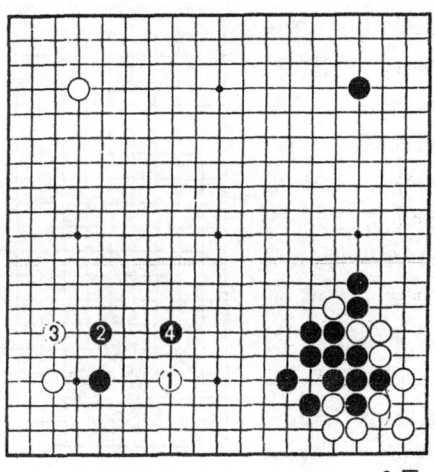

3 도

4 도 백 1, 3
의 '붙여 빼기'를
생각했다. 흑 4 라
면 백 5, 7 로 혹
모양을 압축하고
둘 수 있을 것이
다. 이것이라면
아마도 실전의
진행보다 백이
좋다. 그럼 왜 그
렇게 두지 않았는
가 하면 흑은 더
강경하게 ― .

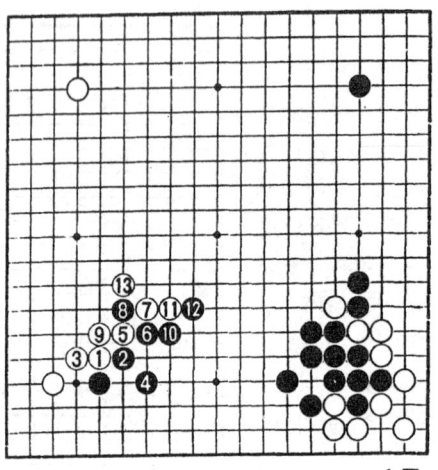

4 도

5 도 4 로 뻗
어 끊으려 오는
모양이다. 이하
백11 연결까지,
이 정석은 부분
적으로는 백이
이득을 보고 있
으나 흑12로 혹
의 스케일은 너
무 크다. 백 ㉮
는 흑 ㉯로 그치
고 있는 것도 고
려할 것. 백 32의
인내는 어쩔 수
없는 것이다.

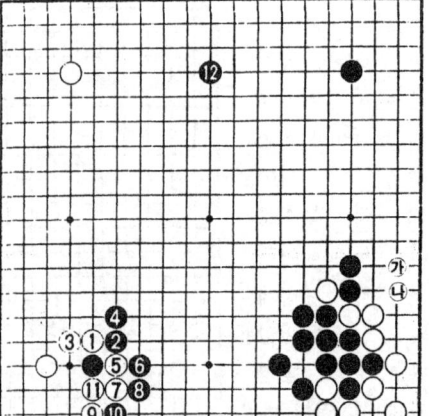

5 도

제14형 몇 점 놓고 두는 바둑에 정석은 무리

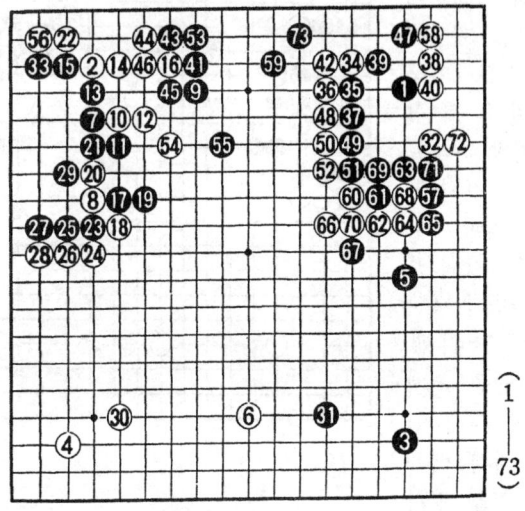

오른쪽 위는 흑이 '나는 잘 한 것이 아닌가 생각했다' 이 우위를 어떻게 전국 (全局)에 미치게 하는가. 흑33으로 1도 흑1에서 3은 흔히 있는 구상이지만, 상변의 흑의 사이가 중도반단 (中途半端)이었다고 생각했다.

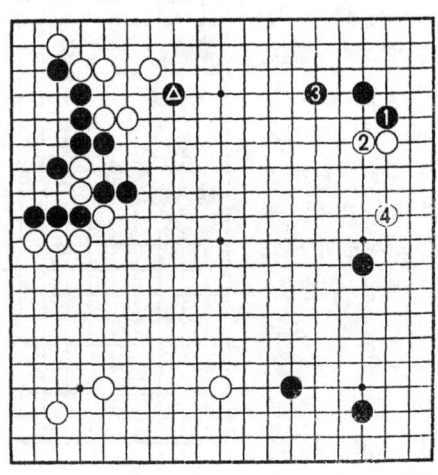

1 도

혹 33은 2도 백 1을 치게하려고 했다. 계속해서 혹 2로 협공, 백 3의 3·3 침입하기에 혹 4로 누르는 것이 혹의 이상형이다. 백11로 가서 보니 상변의 백군 (軍)의 저위(低位)는 눈을 크게 뜨게 할 것이 있다. 따라서 백은 왼쪽 위를 방치하고 34의 공격.

혹 35, 37에 3 도 백 1의 초보자(몇점 놓고 두는 바둑) 정석으로서는 무리라고 보아야 한다. 혹 12의 '누르기'가 되고 보면 상변 일대의 백의 3군은 모두 의심스럽다. 이 그림은 단념하고 38의 귀로 옮겨 갔다.

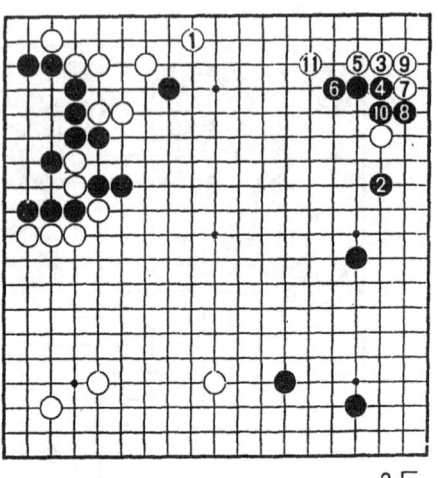

2 도

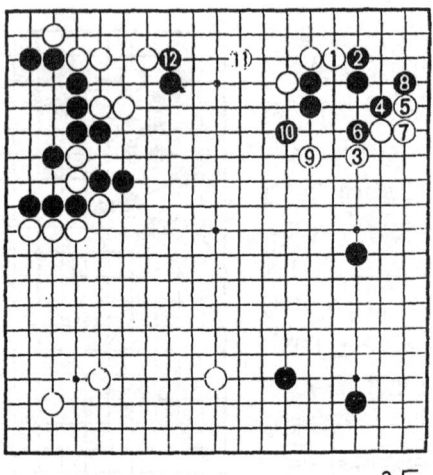

3 도

흑41로, 4도 흑1로 정석형에 지체되면 희미하다. 백2로 서두르게 되면 상변에 흑이 얻는 것은 거의 없다. 흑1로 만들어진 두께가 전혀 움직이지 못하고 있다. 이래서는 ⊘의 승부수가 효력을 나타내고 ●의 '내림'이 명확한 완착으로 된다.

흑41로 누르는 한 수라고 믿었다.

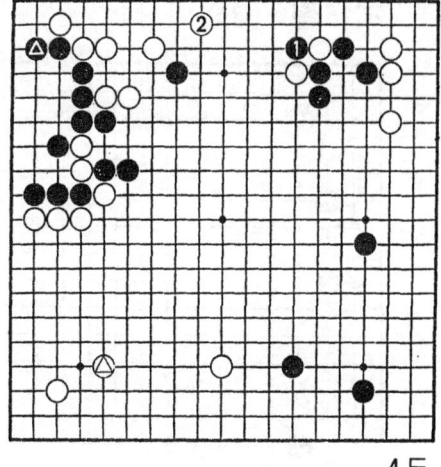

4 도

5도 백1이라면 흑2로 위로부터 간다. 백3이라면 흑4로 상변의 백의 공

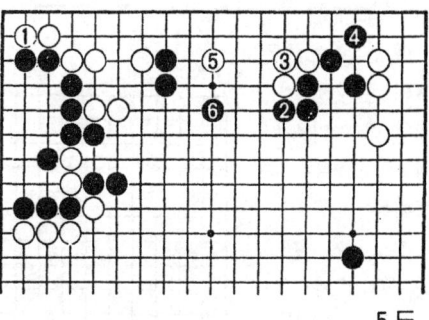

5 도

격, 어느 것이나 하나는 잡게 될 것이다.

따라서 백으로서는 왼쪽 위를 그대로 두고 42로 움직였다. 고통은 이미 각오하고 있다. 이러할 때를 조심해야 한다. 왼쪽 위의 백이 아직도 살아 있지 않은 일에 조심할 것.

제15형 명인의 정석을 보고

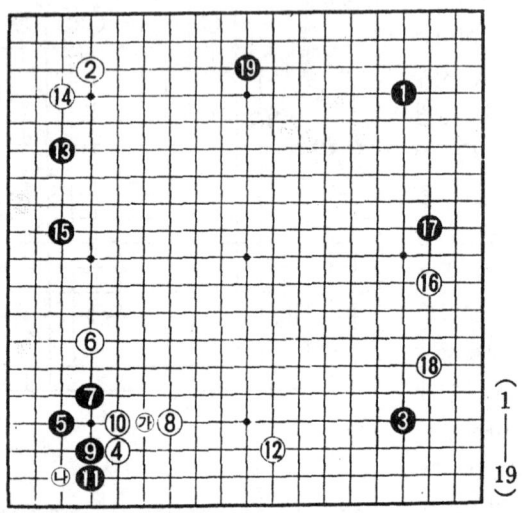

백 4 는 오른쪽
흑의 2연성 (二
連星)을 의식하
여 두게 되는 수
법이다.

1도 흑 ●
의 '걸기'에 백
1의 3칸 '벌려
두기'라면 견실
하다. 그러나 백
은 1로서만은
만족하지 않아서
㉮ 까지 두어야
한다고 생각했다.

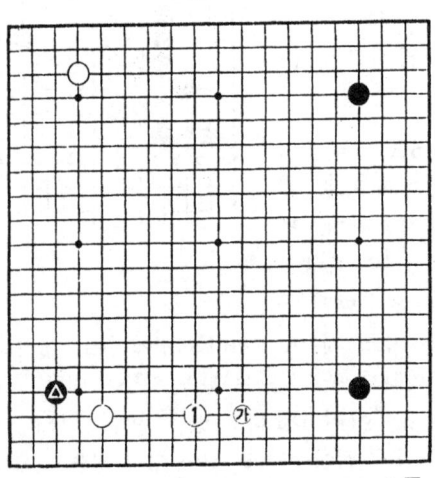

1 도

2 도 백 1 로
거리를 둘 수는
있다. 다음에 흑
3 이라면 ㉮ 로
대비하여 만족하
나 흑 2 로 채워
온다면 백 3 에서
5 로 할 수밖에
없다. 흑에 실리
를 주는 데다가
위의 ◭ 가 있는
왼쪽 위에 흑을
접근 시키는 것
이 기분 나쁘다.

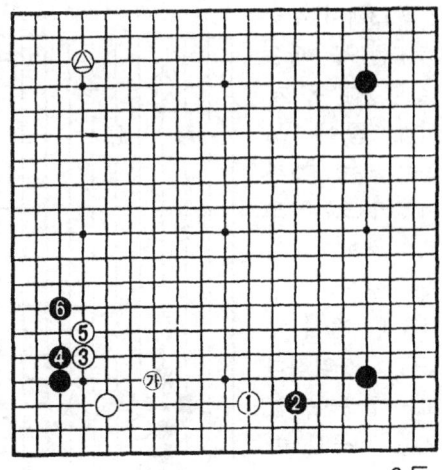

2 도

왼쪽 밑의 형
은 사까다 9 단
이 창작 하였다
고 해서 '사까다
정석'이라고 부
르고 있다.

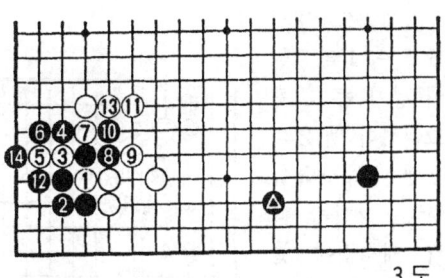

3 도

백 12까지의 진행은 대체로 필연이며 백은 하변에 발을 뻗
은데다 좌변에도 다소의 실마리를 남긴다. 이 정석의 성부는
백 6 이 도움이 되는가, 백의 부담이 되는가에 있다.

백 8 은 흑㉮의 방어, 흑 9 는 백㉯의 확장을 불허하고 흑
11도 필요하며 3 도 ◭ 등을 욕심내면 백 1, 3 의 백의
끊음이 엄하다. 이렇게 온통 밖을 바르게 되면 하변에 먼저
갔던 정도의 이익으로서는 미흡하다.

혹13에서
혹1은 꼭 백2
로 협공해 올 것
이다. ◎이 도
움이 되는 것과
백4가 오른쪽으
로 진출해 오는
것이 양쪽 모두
마음에 들지 않
는다. 불리하다
고는 할 수는 없
으나 아뭏든 마
음에 걸리는것이
다.

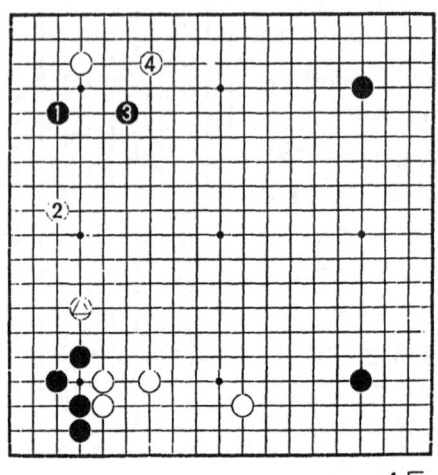

4 도

그렇다고 해서
5도 혹1의 '높
이 걸기'는 더욱
그러하다. 백2의
2칸 협공에서
결국 상변은 백
의 세력권에 들
어가게 되고 우변
의 백2와 ◎의
사이는 너무 넓은
것 같이 보이지
만 그렇지는 않
다. 윗쪽에서는
백⑦, ⑭가 효
과를 내고 있다.

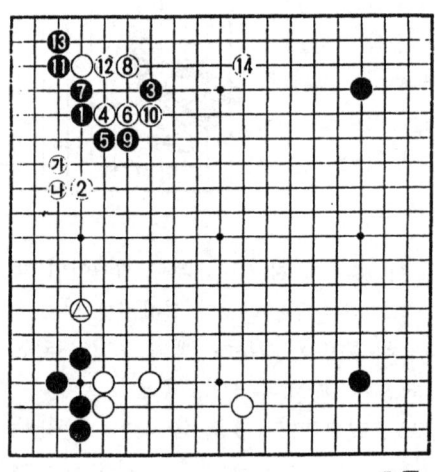

5 도

6 도 백⊘의 급소는 거의 반
효과의 의미가 있다. 이 대각의
수를 빼면 백 1 의 '붙이기'가 상
용의 순서가 된다. 흑 4 로 후퇴하
여 받으며 백 2 로 당기게 되어있
어 눈 모양이 위험해지고 흑
2 로 안으면 백 5 까지 선수 한
점으로 분단된다. 이런 것을 하
나 하나 생각하고 있기 때문에프
로의 서반은 시간이 소요되는 것
이다.

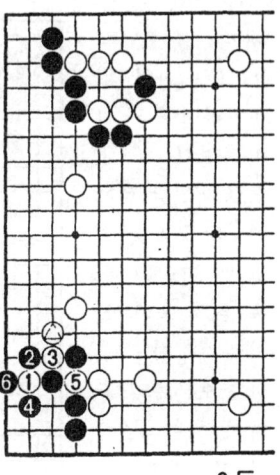

6 도

7 도흑 1 의 높이 '걸기'에 백 2
의 밑에 '붙이기'는 아마도 백으
로서 최악의 선택이 될 것이다.
　흑 3 으로서는 ㉮로 '사태'를
당하게 되는 것도 생각하지 않을
수 없다. 아마도 '눈사태' 형이
되어 싸움은 오른쪽으로 진행되
어 가는 과정이 되고 오른쪽에
먼저 나가 있는 흑에게 나쁠리는
없을것이다.
　그다지 어려운 그림을 상상해
보지 않아도 흑은 3 의 누르기로
된다. 흑 7 까지의 기본 정석은
흑 7 의 위치가 좋다. ⊘는 극히
적당하지 못한 위치에 있다.

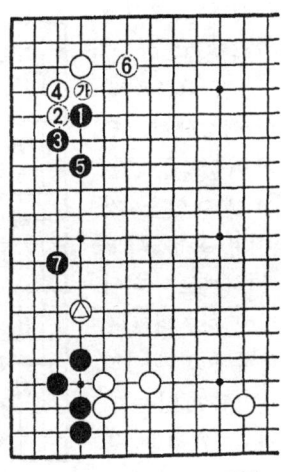

7 도

흑 13의 '걸기'에 다시 8도, 백 1 또는 ㉮의 협공이라면 흑은 기뻐하면서 3·3으로 대환할 것이다. 왼쪽에 편중한 백 자리는 왼쪽 위의 흑의 실리로 대항할 수 있고 오른쪽의 흑의 세력은 무상(無傷) 그대로 남게 된다.

백 16의 '갈라치기'는 생각해볼만한 수다.

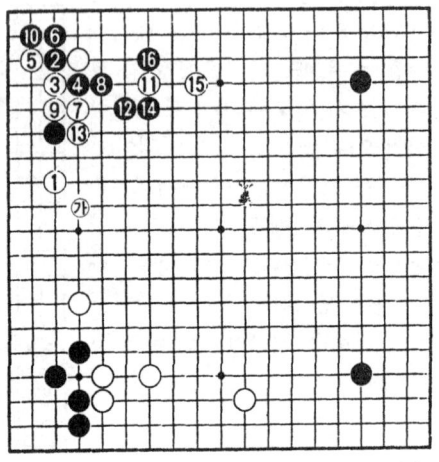

8 도

9 도 흑 1 이라면 백 2 에서 6의 이상형을 만들어 갈수 있을 것이다. 흑 7 백 8은 시세로 되어 있어 흑 7 의 발전 방향에 ⊙가 미리 대비하고 있는 계산. 이래서는 흑이 곤란해진다.

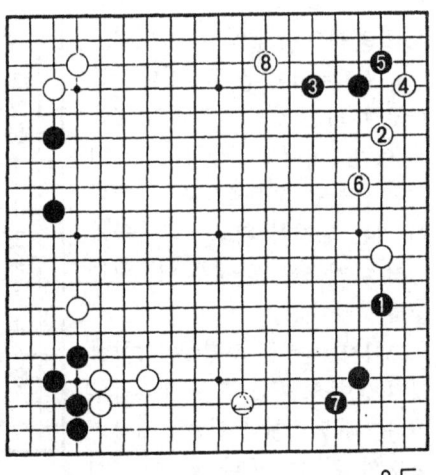

9 도

백18 받는다
고 하면 **10도**. 혹
1,3이나 혹㉮,백
㉯,혹 1 인데 백 **4**
의 '걸기'에서 **8**
까지 되어 보면 왠
지 느슨한 형태가
되어 혹이 취할수
있는 술책이 없다
고 생각된다. 혹
19로 크게 대비하
여 백의 공격을 유
인한다.

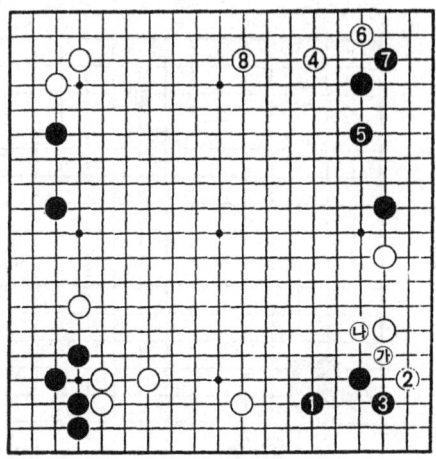

10도

11도 백 1 의
양쪽 '걸기'는 겁
나지 않는다. 혹 2,
4 로 붙여 누르
고, ⓐ의 위치를
굳히고,여기서 선
수를 잡게 되면
혹㉮의 절호점으
로 돌아간다. 따라
서 백도 오른쪽
위를 공격하게 되
고 혹은 중반의 주
도권을 잡게 된다.

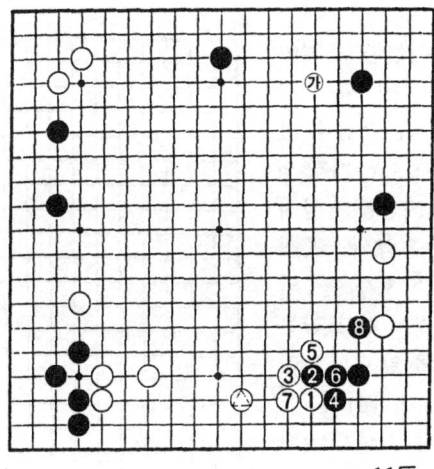

11도

제16형   두께를 좋아하는 기사(棋士)

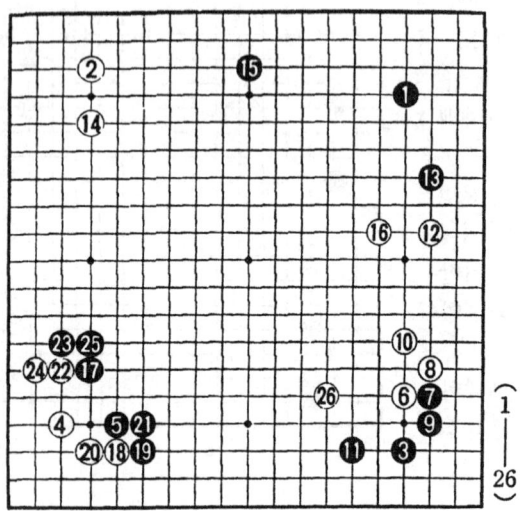

(1 — 26)

정연한 포석이다. 1도 흑 1의 공격은 겨눔에 있는데 이하 가장 심한 싸움을 예상하면 흑㉮의 존재의 위치가 큰 의미를 가지고 있는 것을 알 수가 있다. 보(譜)의 백 16은 그에 대비한 것이다.

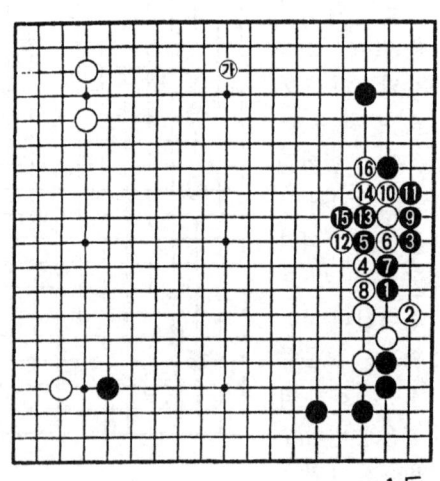

1도

혹17로 2도혹
의 '안쪽붙임'은
최악이다. 혹5
의 벌려두기로서
는 너무 저위(低
位)다.

●의 의미는이
한 수로 하변을 공
격하려고 하는데
한 수 5로서는그
취지에 맞지 않는
다. 5로 ㉮는눈
으로 하는데는구
멍뿐인 대비다.

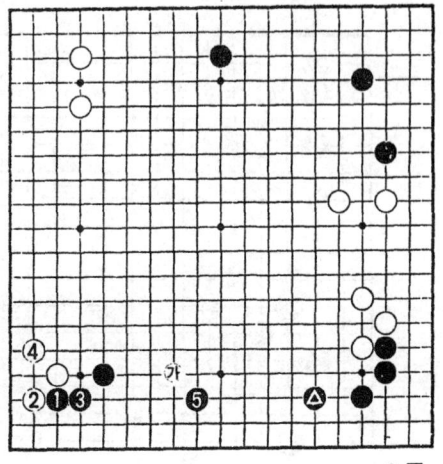

2 도

3도 백22의 대
안. 백1, 3으로
대충 세력을 삭감
하고 혹2, 4 이
하의 '마무리 붙
이기'를 믿는다고
하는 공격법도 있
을 것이다. 그러나
자신이 세력을 좋
아하기 때문에 남
에게는 그것을 허
용하지 않는다.

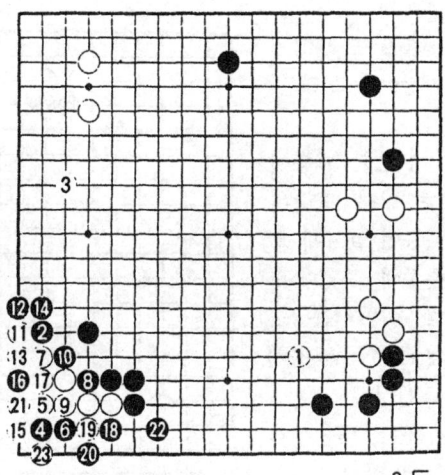

3 도

제17형 평판이 나빴던 연구

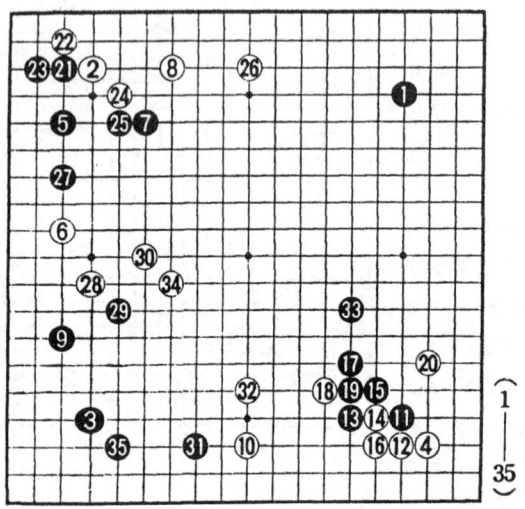

혹 9는 이상한 착점이라고 할 것이다.

1도는 보통이다. 이하 대형의 싸움이 일시에 오른쪽에서 넓어진다. 여기서는 무엇보다도 침착해야 한다.

혹11, 13은 '세력'의 작전.

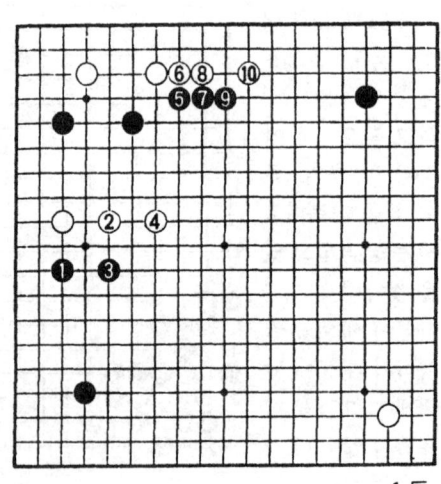

1도

2도 백 1, 3
을 기대했다. 이
하 정석대로 진행
하면 흑14의 '누
르기'가 미개의
오른쪽 위를 목표
로 하고 있어서 좋
다. 백이 머리를
내민 왼쪽은 이미
결말이 난 것과 같
은 것이다.

따라서 백이
목을 내민 20의
방향은 바른 것
이다. 그러나 그
것은 그것으로
백10의 한 점이
고립하고 있어서
당할 것으로 생
각했다.

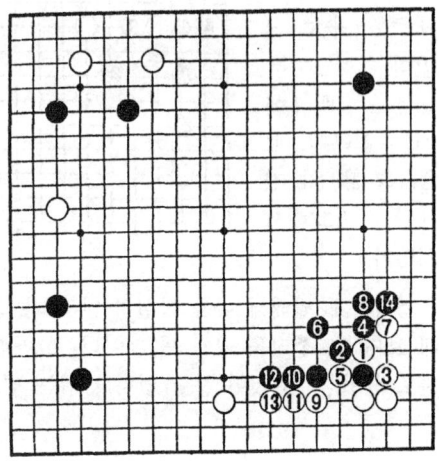

2 도

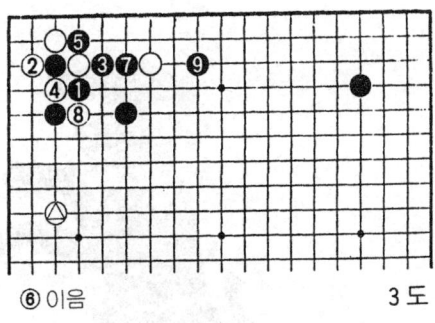

⑥이음

3 도

흑23으로 3도 흑 1의 팽창 작전은 마음이 내키지 않는다.
흑 9 까지가 정형이지만 9 가 좋은 데 있지 않는 한 백 8 까지
의 실리가 너무 크다. 거기다 ⊘ 도 강화되어 잘되면 하변의
백과의 감아올리기를 겨누고 있는 흑으로서는 재미가 없다.

백24는 아마도 새로운 수로 보인다.

4도 백1에서 흑4라면 보통. 보(譜)의 진행과 비교해서 어떤가.

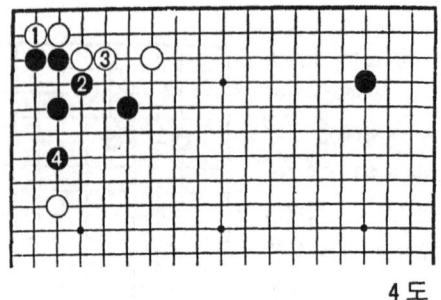

4 도

정직하게 말해서 나를 확실히 알 수가 없다. 몇 번 되풀이해 보면 그 선악을 알게 될 것이다. 그러한 연습이 바둑의 진보에 연결 될 것이 틀림 없다고 나는 믿고 있다.

제4장

아마 바둑의 재정비

생각하는 습관

포석을 잘 알 수 없다고 하는 사람들이 많다. 그렇다고 해서 중반의 싸움을 잘 알고 있는가 하면 그렇지도 않은 모양이다. 요는 중반을 곰곰히 생각할 수 있는 사람이 서반에서 전혀 생각하는 습관을 지니고 있지 않은 모양이다.

앞의 장에서는 프로의 포석을 소개했으나 '그것은 비교되지 않는다' 고 불평하는 독자를 위하여 5급에서 초단 정도의 아마추어의 바둑으로 포석을 취급하기로 했다. 사고 방식의 기준을 제시하여 설명하고자 하니 그것을 실전에 도움이 되도록 해주기 바란다. 습관만 되면 포석을 생각하는 것은 그다지 어려운 것은 아니라고 생각한다.

악구잡언 (惡口雜言)

지상(紙上) 이라고는 하지만 여기에 취급한 대국자에게는 엄격한 주문을 했다. 듣기에 따라서는 악구잡언에도 한계가 있다고 생각될른지도 모른다. 그러나 정직하게 말하면 이렇게 잘 둘 수 있는가 하고 놀랄 정도이다. 취재되고 있기 때문에 특별히 신중히 두게 된 것인지. 좋은 데만 칭찬한다면 교훈이 되지 않는 잔소리가 된다. 참으로 어떻게 나에게도 참고가 될 듯한 훌륭한 정석의 선택도 있었다는 것을 추가해서 기술해 놓겠다.

제 1 형 정석통(定石通)의 실패

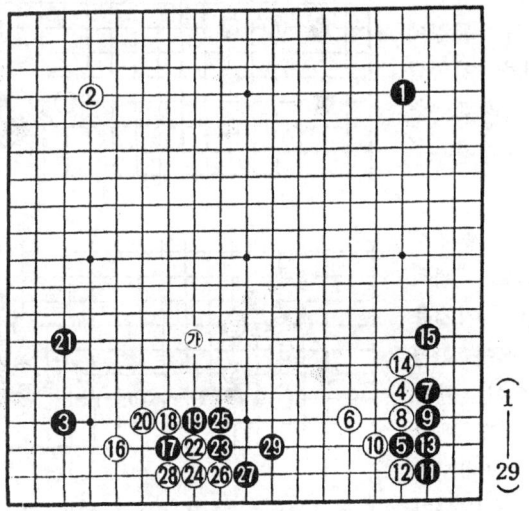

이 바둑을 둔 사람은 흑이나 백이나 쌍방 모두 정석에는 상당히 상세하다는 것을 발견할 수가 있다.

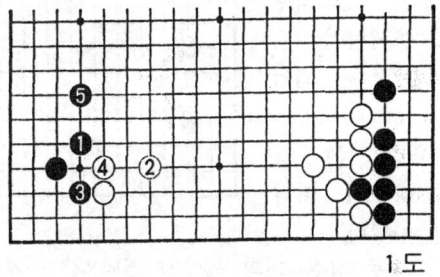

1 도

보통 일반적인 정석을 알고 있는 것은 물론, 그 정석형에 독특한 연구를 가미한 흔적이 있다. 그런데도 불구하고 이런 것이 재미가 있다.

흑11은 백12로 '맞댐'을 당하면 단순히 13으로 추가되어 있는 정석보다 덕이 되는 의미가 있다. 그런데 흑17이 큰 악수.

1 도 흑 1 은 타당한 착점, 하변의 백 모양에는 좌우 양쪽의 흑의 실리로 충분히 대항할 수 있었다.

3 도 흑 2 로 정면으로 싸워온다면 이것은 다시 백이 환영하는 것이 된다.

그런데도 백이 정석에 상세하기 때문에 흑17이라고 하는 큰 악수를 문책하며 손해를 보게 되었다.

바른 것은 2 도 백 1 이 아니면 안된다.

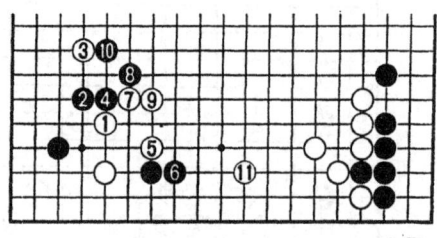

2 도

3 도

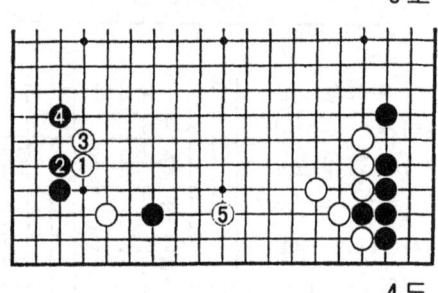

4 도

흑 두 점은 거의 빼앗긴 것과 같은 것이 된다.

4 도 백 1, 3 의 '걸기'에서 5 라면 최강. 흑17의 악수를 엄하게 문책하고 있다. 실전의 백18은 '공격하는 돌에는 붙이기'를 하지말라'의 금지를 범했다.

백26은 흑이 조금이라도 무겁게 하려고 하는 노력이 보였으나 근본이 틀리고 있으면 어떻게 할 수가 없다. 백26으로 단순히 28의 '되돌림'은 흑㉮의 2 칸 '뛰기'로 호조

제 2 형   최선과 최악의 경연

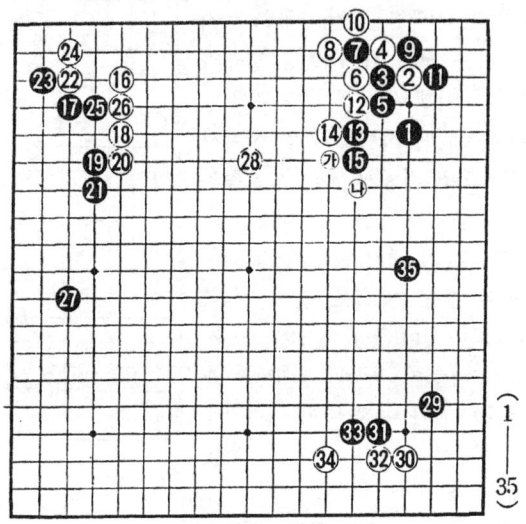

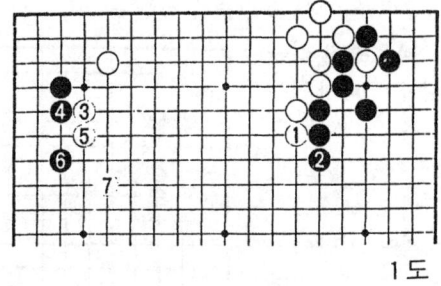

무엇보다 오른쪽 위의 귀에서 부터 차례차례 로 모양이 정해진다.

'돌담 바둑' 이 라고   비난하고 싶지 않다. 도중 에서 '손빼기' 를

1 도

하기 어려운 정석이기 때문에 어쩔 수 없을 것이다.

계속해서 백16도 좋은 자리. 욕심을 낸다면 더 하나 백 ㉮, 혹 ㉯ 를 교환해 두고 싶지만… 백18이 잔혹하다.

1 도   백 1 에서 7 의 구도(構図)에서도 그다지 확실한 한 면의 자리이기 때문에 칠 수 있을른지 어떤지 알 수 없을 정

194

도이다.

보(譜)의 진행은 최악. 백 28 까지
의 백자리는 크게 봐서 40 집. 양측의
흑 자리와 미개의 아래 쪽의 흑의 영
향력은 작은 백 자리를 훨씬 상회하
고 있다. 그에 비해서 흑의 오른쪽의
공격은 훌륭하다

흑31의 '걸기'에서까지 만점. 차
라리 백은 2 도 백으로 높이 '걸기'
를 선택하는 것이 좋았다. 그래도 흑
에 최선을 다하지 못하게 되면 흑 8
까지, 한쪽 귀가 아직 비어 있는 서
반에서 승부가 결정되고 마는 것이
다.

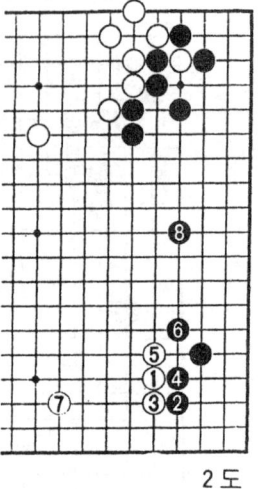

2 도

차라리 자포자기지만 3 도 백 1,
3 으로 기어서 우변을 공격한다.

백 5 의 한 점은
설마 빼앗기는
일은 없으나 흑
8, 혹은 ㉮로 빈
곳에 선행(先行)
당하여 이번에는
왼쪽 밑의 방면
에서 백의 악전
고투가 시작되는
것은 틀림 없다.

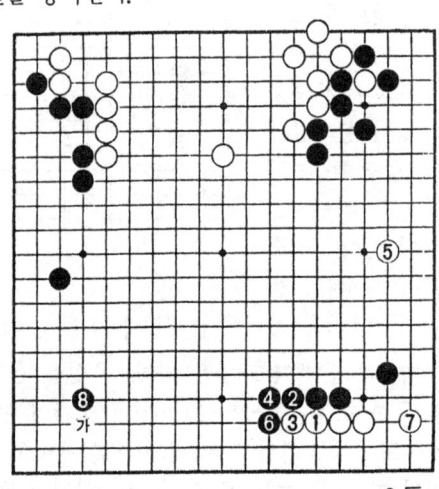

3 도

제 3 형 악수를 책망하다 손실을 본다

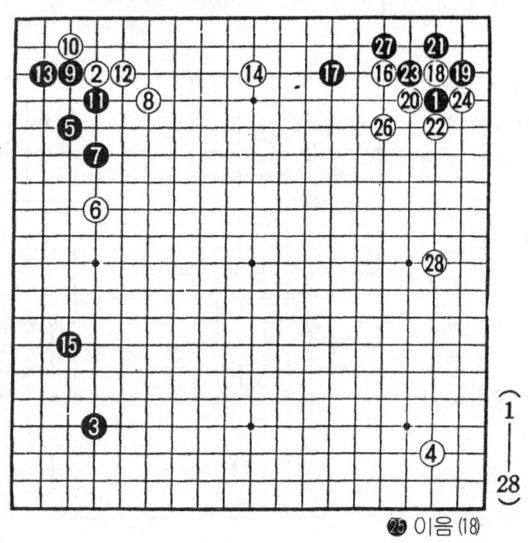

㉕ 이음 ⑱

이미 알고 있
는 것으로 생각
되지만 왼쪽 위
의 형은 1 도의
정석의 옛모양이
다. 어느쪽이 좋
다고는 말할 수
없으며 옛 모양이

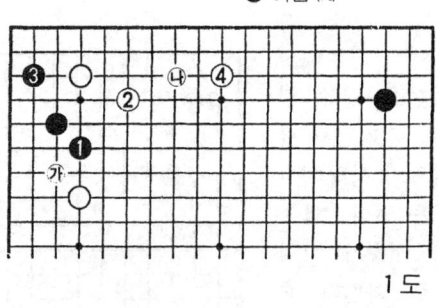

1 도

당연히 등장해도 좋을 것 같지만 사실은 그렇지 않다.

　참고로 양자의 차이를 설명해 보겠다.

　1 도 흑 백 모두 형이 결정되어 있지 않아 각각 약점을 지
니고 ㅆ다.

　㉮의 흑의 아킬레스건이며 백은 백으로 ㉯에 공격당하는

약점에 두려워하고 있다. 그러한 실전의 진행은 그다지 바둑에 신경을 쓰고 싶지 않는 아마추어적인 경향의 형이라고나 할까.

흑15는 왜 그런지 미지근하다. 이래서는 백 6 의 한 점을 공격한 것이 되지 않는다.

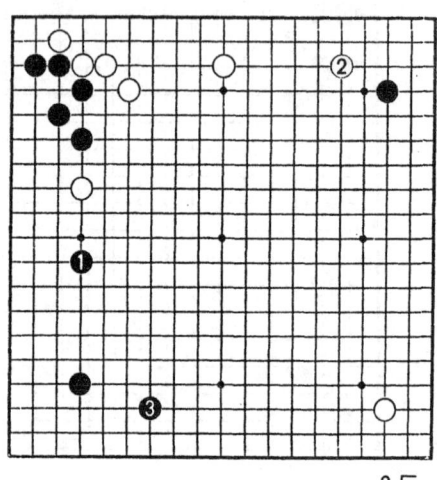

2 도

2 도 흑1일 경우는 그런대로 이어서 3으로 이쪽을 대비한다면 그래도 낫다. 그러나 백2의 '걸기'가 크다.

역시 3도. 흑 1이 바르다고 하겠다. 왼쪽 밑의 '걸기'를 당해도 이렇다할 일은 없다. 백 1 이 선수가 아니므로 좌변의 백은 그렇게 맞아 들어가지는 않는다.

흑17이 불완전하다. 이렇게 좋은 데서 무리를 해서는 안된다.

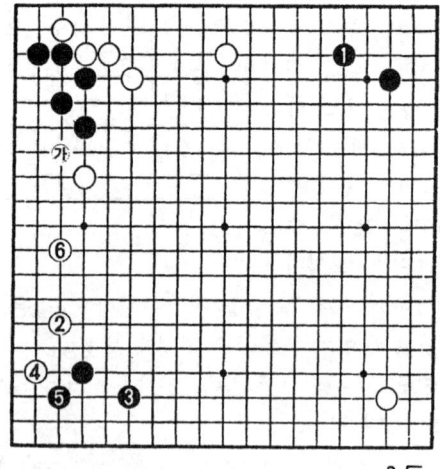

3 도

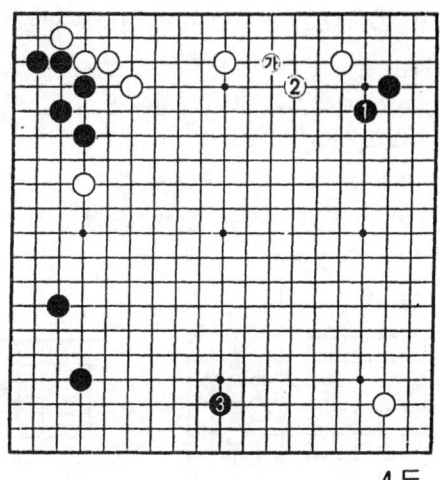

4도 흑 1 이
침착하다. 다음에
⑦의 공격을 보
고 백 2 에 지키게
하고 흑 3 으로
크게 자리를 둔
다. 상변의 백
자리가 그렇게
크게 보이는가?

4 도

이하는 이미 정석의 선택이라고는 말할 수 없다. 힘의 관
계가 이렇게 떨어져 있을 경우에는 정석이라고 하는 것은
성립하지 않는다.

백18에서는 5 도 백 1 의 '뛰기'에 한한다. 흑 2 라면 백
3 으로 흑의 한 점은 움직일 수 없다. 그렇다고 해서 一.

6 도 흑 1 이라면 백 2 로 귀가 핀치. 1 로 뛰어나간
흑도 이것으로 안정했다는 것이 아니고 아마도 자신의 시탄
(矢彈)으로 도망의 길을 계속 찾게 될 것이다. 그것이 백
18의 약점으로 일거에 역전한다.

27까지 흑은 잘해왔다. 그렇기 때문에 바둑이란 것은 '열

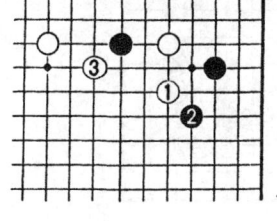

5 도

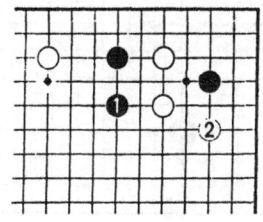

6 도

198

심히 생각하는 것보다 약한 상대를 발견하는 쪽이 중요하다'
라는 말을 듣게 된다. 백의 입장에서 차선의 대책을 찾으면 24
로서는 정석과는 반대 방향에서 7 도. 백 1, 3 으로 되어 잇
는 쪽이 좋았던 것이다.

혹의 저항은 8 도 혹 1 로 끊으면 이상한 것 같지만 백 2,
4 가 형(形). 아뭏든 ●의 한 점을 제압할 수가 있었다.

그러나 5 도와 비교해서 혹이 굳어져 있는 부분만 있는 손
해를 보고 있다.

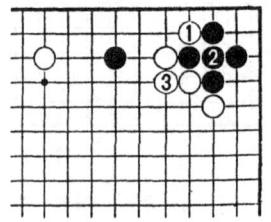

7
도

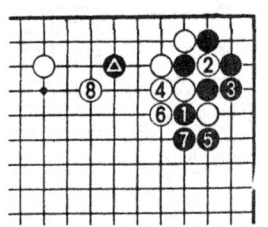

8
도

제 4 형 우상(右上)과 우하(右下)의 연계

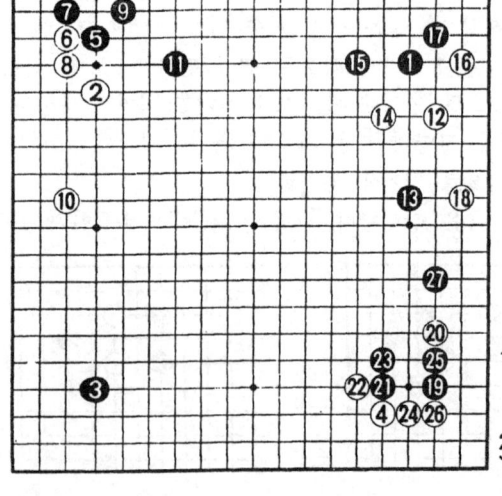

(1
—
27)

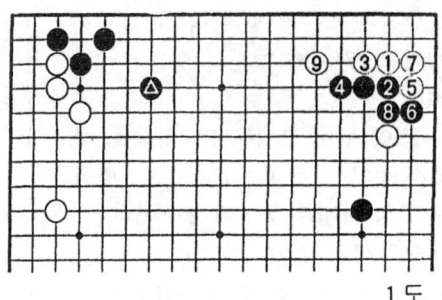

혹11까지 정석
이다. 그러나 11
을 생략하는 것
도 정석이라는
것을 생각해 주
기 바란다.

1 도

혹11로서는 오른쪽 밑의 구석에 '걸기'를 하는 것이 명백
하다. 특히 혹이 선수라는 것을 조심하여 아직 돌이 적은 서
반 동안에 선행에 놓지 않으면 안된다.

백14로 1 도. 백 1 의 '3·3 들어가기'도 물론 있다. 백
9 로 뛰어나간 곳이 ●를 다소 무시하고 있는데 의미가 있
다. 그렇다고 해서 혹이 반대쪽에서 '누르기'를 하는 것은 ─.

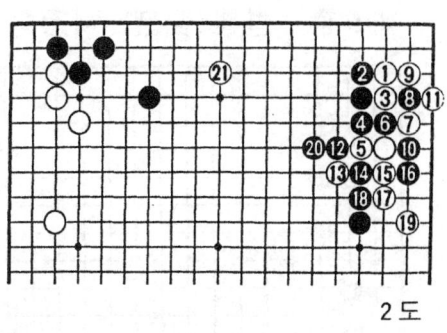

2 도 백 1 에
혹 2 로부터 수가
길지만   아마도
여러분은 잘 알
고 있는 정석이
될 것으로 예상
된다.

2 도

아무래도 상변이 너무 넓어서 백21로 들어와도 취할 것 같
지 않다.

그러나 실전의 진행이 백이 나쁘다고 하는 것은 아니다. 왜
그런지 멍하니 두다가 차츰 상세한 바둑으로 몰고가는 방법에
이 정석이 적합하다. 그리고 그 대책에 혹이 지고마는 것이
실전의 진행이다.

문제는 오른쪽 밑의 정석이다. 최종의 흑27이 왜 그런지 믿을 수가 없다.

'벌려 두기'로 끝나는 정석에 대해서 주의. 책에 실려 있는 '벌려 두기'의 벌림은 목표에 불과하다.

좋은 예가 흑27. 이 수로서는 3도 흑1로 오른쪽 위에서 가지고 오는 것이 좋다. 3에서 5, 7로 공격하는 것이 오른쪽 위의 정석의 '그 후의 이야기'지만 이 경우에는 실로 들어맞는 수단이다. 흑9까지 오른쪽 밑의 정석과의 연계(連係)를 음미해 주기 바란다.

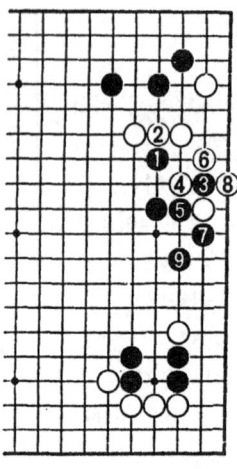

3 도

제 5 형 변형(變型) 사용법

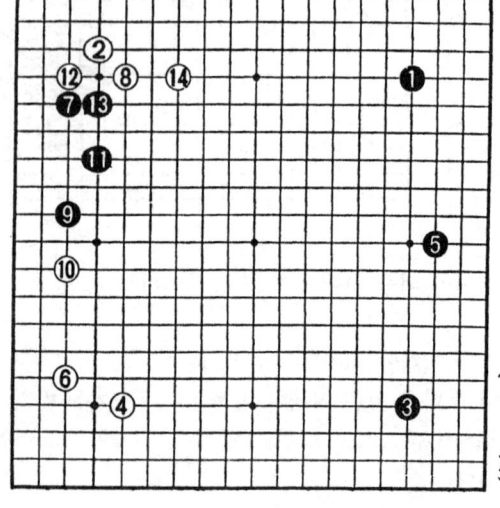

(1
—
14)

백 6은 다른 마무리지만 옛부터 있던 것으로 예를 들면 강력(剛力)한 명인들도 애용하고 있다. 다만 사용하려면 그 의미는 잘 알고 있지 않으면 안된다.

백 8이 아깝게도 두는 사람의 무지를 노출시키고 말았다. 백 8에서는 왼쪽 밑의 변형을 활용하여 1도의 1로 협공하지 않으면 안되었다.

흑이 2에서 깨끗이 마무리짓는 모양을 채용했다. ⊘가 ㉮에 있는 것보다 백은 움직이고 있다고 할 수 있다.

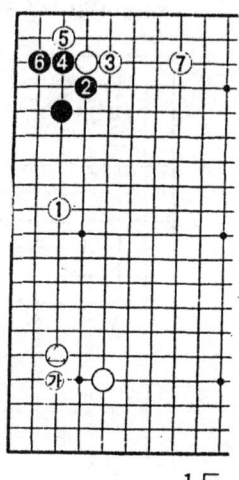

1 도

실전의 결과는 흑의 만족이라 하겠다. 의아해 하는 독자에게 납득할 수 있도록 그림을 제시한다.

실전의 14에서 2도의 백 1쪽이 낫다. 이미 좌변의 흑은 견고하기 때문에 조금이라도 자리를 의식한 것이다. 계속해서(바로 두지 않으나 만일 거기를 둔다고 한다면) 왼쪽 밑의 구석은 흑 2의 '붙이기'에서 혼들어진다. 백 ㉮의 '붙이기'라면 물론 흑 ㉯로 '날개'를 내고 유리한 쪽으로 뒤바꿈질을 할 것이다.

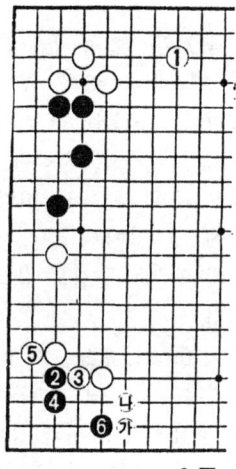

2 도

제 6 형 높은 눈의 함정과 결점

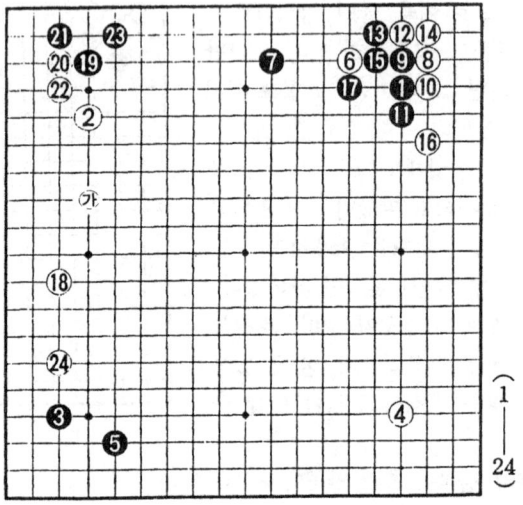

혹 7 의 '협공'은 약간 좁다. 3 칸 협공이나 3 칸 높은 협공이 적절하다. 혹17을 생략하는 것이 기분 나쁘면 더욱 그러하다. 17까지의 형으로 7 의 위치를 바라보고 있으면 알게 될 것이다.

백18에는 무서운 함정이 만들어져 있다.

백20으로 1 도, 백 1 로 '걸기'를 가한다. 혹 2 에 기다렸다는 듯이 대형 정석을 진행시켜(정석을 알고 있는 사람이라면 꼭 걸린다) 백17까지로 끝낸다.

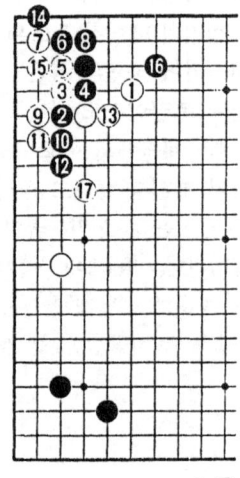

1 도

그렇다고 해서
2 도 혹 1, 3으
로 기어 붙으면
보는 바와 같
은 참상. 백14까
지 단연 백이 낫
다. 그러나 알고,
모르고 백은 시
작하지 않았다. 그
럼 혹으로서는
어떻게 두면 되는
가.

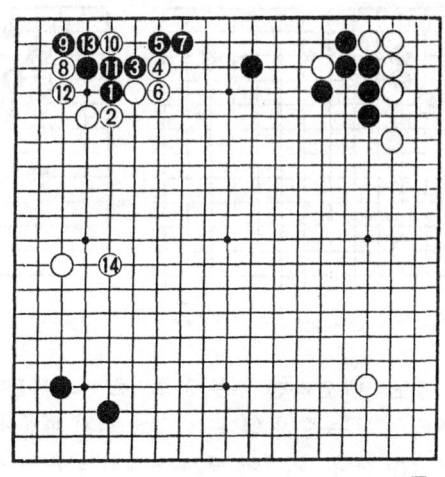

2 도

이러한 형으로서는 3·3에 들어가는 것이 상식이다.

3 도 백 2 에는 혹 3, 5. 아까 본 모양이지만 방향이 반대
이다. ◎ 이 반대가 되고 ㉮방면의 '벌림'도 오른쪽의 혹이
너무 견고하여 전혀 희망이 없다.

4 도 백 2 라면 기뻐하며 혹 3, 5. 백 1 의 '붙이기'로 된
실전과는 백의 모양과 혹의 자리가 큰 차가 있다.

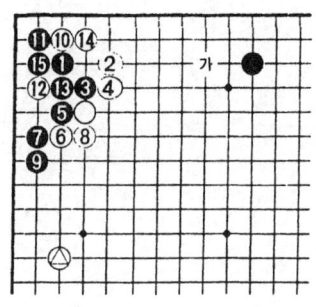

3 도

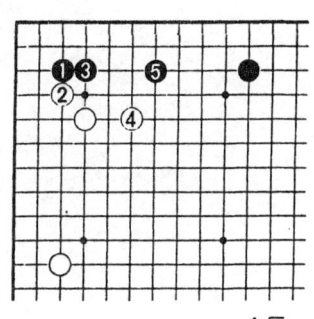

4 도

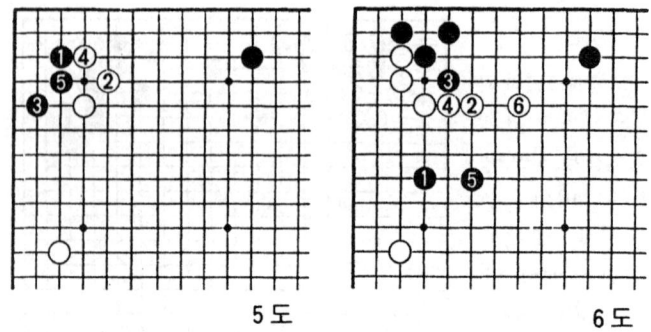

5 도   6 도

5도   백 2 라면 혹은 3 쪽으로 미끄러진다. 꼭 3 쪽으로 !
백은 두는 수가 없다. 이렇게 되기 때문에 프로는 높은 눈
을 싫어한다. 최후에 백24는 제법 높은 수지만 ㉯의 대비로
도 충분하다. 다만 흑㉮로 공격당해도 6도   백 2 이하로 뛰
어 넘어, 아무 것도 아니지만…

```
┌─────────┐
│ 판  권 │
│ 본사    │
│ 소  유 │
└─────────┘
```

정석의 선택법

2014년 7월 25일 인쇄
2014년 7월 30일 펴냄

지은이/ 工 藤 紀 夫
옮긴이/ 프로바둑연구회
펴낸이/ 최   상   일
펴낸곳/ 太乙出版社
서울특별시 중구 신당6동 52-107 (동아빌딩내)
등록/1973년 1월 10일(제4-10호)

＊잘못된 책은 구입하신 곳에서 교환해 드립니다.

■주문 및 연락처

우편번호 ⑴⓪⓪-④⑤⑥
서울특별시 중구 신당6동 52-107 (동아빌딩 내)
전화 / 2237-5577 팩스 / 2233-6166

ISBN 89-493-0329-9   13690

"당신의 바둑실력이 두 배로 는다!!"

최신판!! 프로바둑강좌시리즈

'머리의 바둑'은 '공격을 겸한 방어'이자, '방어를 위한 공격'이다!!